Forsch

Tipps zum wissenschaftlichen Arbeiten

Martin Gertler

Forschen lernen

Tipps zum wissenschaftlichen Arbeiten

VEGANOMICS Institute

Bibliografische Information der Deutschen Nationalbibliothek:

Die Deutsche Nationalbibliothek verzeichnet diese Publikation in der Deutschen Nationalbibliografie; detaillierte bibliografische Daten sind im Internet über http://dnb.dnb.de abrufbar.

Herstellung und Verlag: BoD – Books on Demand, Norderstedt

ISBN: 978-3-7386-2849-4

Vorwort

Grundlegende Kompetenzen der Wissenschaftlichkeit benötigen alle Studierenden. Ebenso hilft solches Grundlagenwissen jedem, der sich privat oder beruflich mit wissenschaftlichen Studien und Ergebnissen befasst. Eine wissenschaftliche Arbeit ist stets ein Produkt, das sein Ziel hat und seinen Zweck erfüllen soll. Das gilt für jede hochschulische Hausarbeit, ebenso für Referate, für Projektarbeiten und für Abschlussarbeiten. So ausgerichtet, dass damit forschend neues Wissen zu schaffen ist, können wissenschaftliche Arbeiten in Studium und beruflicher Praxis gelingen und hilfreich werden.

Wissenschaft ist, wenn jemand neues Wissen schafft!

Daher lassen sich die Prinzipien und Grundlagen des wissenschaftlichen Arbeitens nicht auf das Formale des Strukturierens und Zitierens oder auf Recherche- und Schreibtechniken verkürzen. Vielmehr geht es um eine konsequent untersuchende Haltung und Vorgehensweise. Wer dem Ansatz dieses Buches folgt, wird künftig nicht mehr »über etwas schreiben«, sondern etwas untersuchen wollen – und das mit der Leidenschaft eines Forschenden.

Diese Zusammenstellung der Grundlagen des forschenden wissenschaftlichen Arbeitens erscheint in der Lehrbuchreihe des Veganomics Institute. Damit soll verdeutlicht werden, dass die wissenschaftliche Beschäftigung mit der veganen Lebensweise stets die jeweiligen wissenschaftlichen Grundlagen und Forschungsergebnisse benötigt. Die enthaltenen Anwendungsbeispiele zu veganen Fragestellungen sind eingerahmt dargestellt.

Die Prinzipien der Wissenschaftlichkeit gelten selbstverständlich auch für sonstige Problemstellungen und Lösungsziele des Einzelnen und der Gesellschaft. Daher habe ich dieses Buch so erarbeitet, dass es jedermann nützlich sein kann. Zugleich dient es als Begleitbuch zu unserem Onlinekurs – es verschriftlicht sämtliche Videolektionen und folgt ihnen in seiner Kapitelstruktur und allen Überschriften.

Berlin, im August 2015
Martin Gertler

Inhaltsverzeichnis

1 Wissenschaft

Was ist eigentlich Wissenschaft? Einfacher als diese Frage wäre wohl jene zu beantworten, wann überhaupt von Wissenschaft gesprochen werden kann, also wann wissenschaftlich vorgegangen wird und entsprechende Ergebnisse erzielt werden. Dennoch sollen Definitionen in diesem ersten Kapitel nicht fehlen – auch sie gehören unverzichtbar zum wissenschaftlichen Arbeiten.

Wissenschaft soll im Kontext dieses Grundkurses als Tätigkeit des wissenschaftlichen Arbeitens verstanden werden. In Anlehnung an Balzert u. a. (2011)

*   geht es um planvoll geordnetes Vorgehen mit dem Ziel, neue Erkenntnisse und neues Wissen zu gewinnen sowie Praxisprobleme zu lösen;

*   sind konkrete Verwertungsabsichten keine Vorbedingung dazu;

*   knüpft man an vorhandenes wissenschaftliches Wissen an und kennt den aktuellen Stand;

*   veröffentlicht man seine gewonnenen Erkenntnisse, die für andere nachvollziehbar und überprüfbar sein müssen;

*   hält man wissenschaftliche Methoden und anerkannte Qualitätskriterien ein (vgl. Balzert u. a. 2011: 7 f.).

Wann kann nun also von Wissenschaft die Rede sein? Nun, auf jeden Fall – und hier sei nunmehr gleich zu Beginn und mit allem Nachdruck die Marke gesetzt – nur dann, *wenn jemand mit Wissenschaft neues Wissen schafft.*

Für manche Ohren klingt das vielleicht wie ein Kalauer. Hier sei aber tatsächlich als Grundsatz festgehalten: Nur wenn wir – auf Basis von vorhandenem Wissen und mit der Erkenntniss, dass dieses Vorhandene für das konkrete Problem noch nicht hinreichend ist – mit dem Ziel starten, forschend das benötigte neue Wissen zu generieren, dann arbeiten wir wissenschaftlich.

1.1   Erkenntnisse als Ziel

Wer Wissenschaft betreibt, sucht also eine neue Erkenntnis, die ihm bislang fehlt. Damit ist Wissenschaft eine zielorientierte Aktivität. Forschung, so der Wissenschaftsrat Deutschlands, sei eine *»Praxis eigener Art, eine Erkenntnispraxis, die zuerst der Logik der Wahrheitssuche folgt«* (Wissenschaftsrat 2011: 11).

Ein Wissenschaftler strebt danach, Ergebnisse zu erhalten, die seine zuvor gut definierte Fragestellung ehrlich beantworten bzw. zuvor nachvollziehbar analysierte Probleme lösen helfen. Dies tut er aber nicht, ohne zuerst einmal sorgfältig geprüft zu haben, welche bisherigen Antworten oder Lösungsangebote es bereits zu seiner Fragestellung gibt; und diese bisherigen Wissensbestände bringt er auf jeden Fall in seine Untersuchung ein. Sollten diese Bestände bereits für das Erkenntnisziel hinreichend sein, wird man das Forschungsvorhaben als nicht notwendig betrachten und es abbrechen.

Daher ist es stets notwendig, sich zu Beginn über den bereits gegebenen, aktuellen Stand der Wissenschaft zur konkreten Fragestellung zu informieren und auch möglicherweise bereits vorhandene Gegenpositionen zur eigenen Lösungsidee zu berücksichtigen.

Das Erkenntnisziel vor Augen

So gehört das Sammeln von Informationen für jedes wissenschaftliche Vorhaben dazu, auch das Strukturieren und Operationalisierbar-Machen von vorhandenen Daten und Kenntnissen. Eine solche Zusammenstellung allein wird aber heutzutage nicht mehr als hinreichend für ein Forschungsprojekt betrachtet, auch wenn sie im Zuge eines Forschungsvorhabens notwendig ist – ein Forschungsvorhaben braucht ein nutzbringendes Erkenntnisziel.

Ein solches Ziel kann in einer Hypothesenbildung, einer Theorieskizze oder in der Überprüfung von Hypothesen bzw. Theorien mit Blick auf ihre Anwendbarkeit münden. So werden Entwürfe oder sogar Konzepte und Strategien für ihre Umsetzung durch wissenschaftliches Vorgehen vorbereitet.

Disziplinen

Die Wissenschaftsgebiete lassen sich unterscheiden nach Art und Ausrichtung:

*   Formal- bzw. Strukturwissenschaften – Mathematik und Informatik

*   Geisteswissenschaften – Philosophie, Theologie und Kulturwissenschaften

*   Ingenieurwissenschaften – Bauingenieurwesen, Elektrotechnik, Maschinenbau u. a.

*   Naturwissenschaften – Biologie, Chemie und Physik

*   Sozialwissenschaften – umfassen jene Wissenschaftsgebiete, die sich mit den Zusammenhängen des menschlichen Zusammenlebens und damit verbundenen Handlungen und Verhaltensweisen befassen

Für sie alle gilt, dass sie nach der Vertiefung und Verbreiterung von Grundlagenwissen und nach neuen Erkenntnissen für anwendbare Lösungen forschen.

Auch wenn sie dazu deutlich unterscheidbare Methoden entwickelt haben und anwenden, verbindet sie der grundlegende Ansatz, dass auf systematische, nachvollziehbare und überprüfbare Weise neues Wissen auf Grundlage bisherigen Wissens geschaffen werden soll.

Unterschiede zu anderen Lösungswegen

Dies unterscheidet die Disziplinen der Wissenschaft von anderen Lösungswegen, die wir aus unserem Alltag kennen – etwa von der Intuition, von der bloßen Praxiserfahrung und vom Ausprobieren. Ohne zuvor verprobtes und bewährtes Wissen, das methodisch-wissenschaftlich entwickelt und überprüft wurde, kann sich niemand auf den Weg des wissenschaftlichen Erkenntnisgewinns machen.

Damit erschließt sich auch der Sinn des Studierens an einer Hochschule. Wer den Abschluss nur haben will, um einen halbwegs gut bezahlten Job zu ergattern, hat seine eigene Zielmarke nicht richtig gesetzt. Arbeitgeber erwarten von Hochschulabsolventen, dass sie die Gepflogenheiten ihrer wissenschaftlichen Disziplin nicht nur kennen, sondern sie sogar anwenden können. Dies bedeutet, systematisch wissenschaftlich, also methodisch sauber und unter Berücksichtigung vorhandenen Wissens das neue Wissen zu generieren, das im Praxisumfeld des Unternehmens benötigt wird.

Dies gilt grundsätzlich, aber auch in jedem Moment neu: Wenn eine berufliche Frage und Herausforderung kommt, gehen Hochschulabsolventen wissenschaftlich vor – also nicht rein intuitiv, auf Praxiserfahrung setzend oder einfach ausprobierend.

Darum ist dieses Grundwissen vom wissenschaftlichen Arbeiten für sie alle unverzichtbar und wichtig.

1.2 Forschendes Vorgehen

Bei »gutefrage.net« wollte jemand am 1. April 2015 wissen: »*Wann wird wissenschaftliches Arbeiten eingesetzt?*«. Als Antwort erschien dort kurz und knapp binnen weniger Minuten: »*Es wird bei der Forschung eingesetzt.*« (vgl. KoraChany 2015).

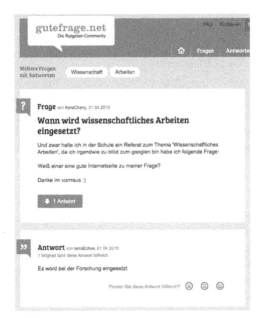

Abbildung 1: Frage und Antwort bei gutefrage.net
(Quelle: Screenshot einer Frage von KoraChany 2015)

Der Umkehrschluss zu dieser richtigen Antwort lautet: Wenn *wissenschaftlich gearbeitet* werden soll, muss *geforscht* werden, es kann also nicht ein bloßer Aufsatz, ein Essay entstehen.

Wissenschaftliches Arbeiten soll hier definiert sein als forschendes Arbeiten. Insofern sei auch der an manchen Hochschulen vorzufindenden Praxis widersprochen, eine wissenschaftliche Arbeit könne ggf. »*nach wissenschaftlichen Qualitätskriterien erstellt werden, aber keinen substantiellen Beitrag zur Forschung leisten*« (Balzert u. a. 2011: 54).

Diese Möglichkeit schlossen die Verfasser allerdings wenig später selbst aus, indem sie festhielten, dass ohne Relevanz für die eigene Wissenschaftsdisziplin eine Fragestellung nicht im Rahmen einer wissenschaftlichen Arbeit bearbeitet werden solle (vgl. Balzert u. a. 2011: 63; vgl. auch das dortige wissenschaftliche Qualitätskriterium »Relevanz«: 32 ff.).

Auch der Wissenschaftsrat unterstreicht, dass sich gute Forschung durch Relevanz auszeichne (vgl. Wissenschaftsrat 2011: 11), wobei von Relevanz in der

Wissenschaft nur dann die Rede ist, wenn tatsächlich ein Forschungsbeitrag geschaffen wird.

Aus langjähriger hochschulischer Praxiserfahrung lässt sich festhalten, dass jede wissenschaftliche Arbeit stets eine klare *Problemstellung, Zielsetzung und Forschungsfrage* benötigt, um ein Ergebnis erreichen zu können, ansonsten entsteht keine wissenschaftliche Arbeit.

Wissenschaftlichkeit wird hier somit nicht als reduziert auf Formales – wie Gliederung, Zitierungen, Verzeichnisse etc. – verstanden. Und da jeder Forschende gehalten ist, die vorhandenen Erkenntnisse des eigenen Wissenschaftsgebiets einzubringen, fügt er dort seine neue Erkenntnis hinzu und leistet somit einen Forschungsbeitrag, wie hoch oder gering der auch immer von anderen eingeschätzt werden mag.

1.3   Methodengeleitete Resultate

Der frühere Direktor des Max-Planck-Instituts in München, Hans-Peter Dürr, machte in einem spannenden Interview über seine Herangehensweise und Ergebnisse deutlich, wie sehr doch genau die eigene Herangehensweise die Ergebnisse bestimmt.

Abbildung 2: Hans-Peter Dürr im Interview

(Quelle: Screenshot aus Gertler 1997b)

Dürr sagte in seinem Statement, er wolle damit andeuten, dass die Wirklichkeit des Naturwissenschaftlers eine sei, die ihm als solche erscheine, nicht aber die tatsächliche Realität der Natur.

Dazu verwende er das Gleichnis eines Fischers, der zu zwei »Grundgesetzen der Fischerei« aufgrund seiner persönlichen Erfahrung des jahrelangen Fischens gekommen sei: Erstens seien alle Fische größer als fünf Zemtimeter und zweitens hätten alle Fische Kiemen.

Beides nenne der Fischer halt Grundgesetze, da sich diese Sachverhalte bei jedem Fang so bewahrheitet hätten, sodass er annehmen könne, dass das auch in Zukunft stets so sein werde.

Dann treffe der Fischer auf den Philosophen, der ihm zu dieser seiner Grundgesetz-Erkenntnis gesagt habe, dass die Fünf-Zentimeter-Aussage bestimmt kein Grundgesetz sei: Die Maschenweite des Netzes habe vielmehr bestimmt, dass kleinere Fische nicht gefangen werden könnten. Den Fischer habe das aber nicht beeindruckt, denn was er mit seinem Netz nicht fangen könne, das sei für ihn halt kein Fisch.

Dieses Bild übertrage er, Hans-Peter Dürr, auf die Naturwissenschaften, die auch immer wieder behaupteten, sie hätten etwas gefunden und das Gefundene sei eine Eigenschaft der Natur – und nicht vielmehr eine Eigenschaft, die die Natur ihnen offenbare durch ihre Messmethoden und so fort. (Vgl. Hans-Peter Dürr in Gertler 1997b von 22:30 bis 24:22)

In diesem Fall war es also die Maschenweite des Netzes, die bestimmte, was gefangen und somit als Fisch deklariert und untersucht werden konnte. Die Messmethode und ihre Möglichkeiten haben erkennbare Folgen für das Ergebnis, und zwar in bedeutsamem Maße – das machte das Gleichnis deutlich.

Allgemeiner gesagt: Wir untersuchen stets mit Kriterien des Messens und des Beurteilens, die unsere Ergebnisse tatsächlich sogar vorbestimmen. Was wir nicht gemessen oder analysiert haben, liegt uns nicht als Ergebnis vor – und es wären womöglich aber genau diese Ergebnisse, oftmals Daten, die wir für die Erklärung oder Lösung eines Problems benötigen.

Und noch etwas: aufgrund unserer gewonnenen Daten lassen wir uns schnell dazu hinreißen, generelle Aussagen zu treffen. Dann werden die Gesetze der Logik bemüht, etwa so: Da es sich hier – wie vielleicht oft – um ein grundsätzliches Problem handele, zu dem wir nun Daten vorliegen hätten und eine Lösung entwerfen könnten, dürften wir daraus diese oder jene generellen Schlüsse ziehen.

Dürfen wir das wirklich? Skepsis ist angesagt – und genau dazu hat uns Hans-Peter Dürr ermuntert, denn sein Fischer hatte allein aufgrund der Maschenweite seines Netzes jenes allgemeingültige »Grundgesetz des Fischens« erfunden, wonach Fische immer mindestens fünf Zentimeter lang seien. Unterdessen wirft der Nachbar und Konkurrent des Fischers vielleicht ein Netz aus, dessen Maschen acht Zentimeter lang sind; dessen »Grundgesetz« würde also besagen, dass Fische immer mindestens acht Zentimeter lang seien... (Lesetipp: Dürr 2011)

Interdisziplinäres Arbeiten

Wenn der Naturwissenschaftler Hans-Peter Dürr die Geschichte vom Fischernetz und seinen Maschen vor Augen hat, ist der Physiker am Werk. Er vermisst und bestimmt aufgrund der Daten sein Ergebnis – bis hin zum Naturgesetz. Andere Wissenschaften haben andere Vorgehensweisen. In den Geisteswissenschaften etwa zählen Logik, Plausibilität und Verstehen zum notwendigen Handwerkszeug des Wissenschaftlers, in den Sozialwissenschaften geht es beispielsweise um Zusammenhangswissen, das statistisch und empirisch gewonnen und vertieft wird.

Und wenn die Methoden der eigenen Disziplin ihnen mitunter nicht ausreichen, gehen Wissenschaftler auch über diese ihre Grenzen hinaus und forschen interdisziplinär. Sie bauen dann im Verlauf ihres Vorhabens Phasen ein, in denen sie Instrumente anderer fachlichen Disziplinen nutzbringend einsetzen. So werden empirische Methoden der Sozialwissenschaft häufig auch von anderen Disziplinen eingesetzt, um die jeweilige Hypothesen- oder Theoriebildung damit zu untermauern oder die Alltagstauglichkeit und Gültigkeit einer These zu überprüfen. (Lesetipp: Jungert 2010)

1.4 Die Wahrheit der Ergebnisse

Zuvor hatte Hans-Peter Dürr bereits mit seinem Gleichnis vom Fischernetz deutlich gemacht, welches Paradigma die Wissenschaften bestimmt: Sie suchen nach Wahrheit und wollen allzu gern verbindliche Aussagen darüber machen. Dies liegt nicht nur im Wesen des Forschenden, sondern resultiert oft auch aus den Erwartungen seiner Auftraggeber.

Es legt nahe, dass wir diesen Anspruch einmal näher in den Blick nehmen – und zwar in Art einer durchaus kritischen Betrachtung.

Dazu gehen wir mit dem Psychotherapeuten und Konstruktivisten Paul Watzlawick ins Gespräch und stellen uns den wissenschaftstheoretischen Ansprüchen, die Sir Karl Raimund Popper uns mit auf den Weg des wissenschaftlichen Arbeitens gegeben hat. Wir werden dabei weiteren Paradigmen der Wissenschaft begegnen, mit denen wir vertraut sein müssen.

Überholte Sichtweisen

Paul Watzlawick hatte in einem Interview an seinem früheren Arbeitsplatz im Mental Research Institute im kalifornischen Palo Alto bereits 1997 zu bedenken gegeben, dass in seinem Fach, der Psychotherapie, immer noch angenommen werde, dass es eine »wirkliche Wirklichkeit« gebe, der sich die sogenannten geistig Normalen und somit vor allem die Therapeuten bewusst seien. Die sogenannten Geisteskranken hätten hingegen eine verzerrte Sicht dieser Wirklichkeit.

Abbildung 3: Paul Watzlawick im Interview

(Quelle: Screenshot aus Gertler 1997c)

Diese Auffassung sei in anderen Wissenschaftszweigen seit langem abgeschafft worden und einfach nicht mehr haltbar. In der heutigen Erkenntnistheorie sei es die Aufgabe der Wissenschaft, Verfahrensweisen zu entwickeln, die für einen ganz bestimmten Zweck wirksam seien. *»Das mag sehr wohl bedeuten, dass in fünf Jahren diese heutige, beste Art und Weise, mit dem Problem umzugehen, bereits durch eine bessere abgelöst wird«* (Watzlawick in Gertler 1997c).

Auch diese erkenntnistheoretische Sicht spricht also dafür, nicht generelle und zeitlos gültige Erkenntnisse erzielen zu wollen, sondern sich auf den konkreten und aktuellen Zweck der Lösung eines vielleicht sogar örtlich eingegrenzt bestehenden Erkenntnisproblems zu konzentrieren und sich darauf wirklich zu beschränken.

Wenn wir dieser Sicht von Paul Watzlawick folgen wollen und uns dabei einmal auf mögliche Fragestellungen der Veganomics, der Veganwirtschaft im engeren und im weiteren Sinne einlassen, fragen wir also nicht mehr: *Wie können Landwirte bio-vegan anbauen, um zu wirtschaftlichen Erträgen zu gelangen und nicht pleite zu gehen?* Oder: *Worin unterscheidet sich das Managen eines veganen von dem eines konventionellen Supermarktes?*

Wir müssen wegkommen von generellen Antwortversuchen, weil sie nämlich faktisch so gut wie nie möglich sind – wir müssen uns ausrichten auf Lösungsversuche für ganz konkrete und eingegrenzte Herausforderungen.

Bleibt wissenschaftliches Arbeiten dann nicht immer dem Detail verhaftet? Was kann ich denn davon lernen und mitnehmen, wenn ich immer wieder neu die Faktoren und Kriterien für nur einzeln gültige Ergebnisse herausbekommen darf?

Die Antwort darauf möge lauten: Wir lernen beim wissenschaftlichen Arbeiten keine stets inhaltlich wiederholbaren Lösungsschritte, sondern wir lernen die Vorgehensweisen zum Ermitteln von Lösungsmöglichkeiten an sich.

Dem bio-veganen Landwirt, der wirtschaftlich dauerhaft überleben muss, liefern wir also keine Patentrezepte, sondern müssen vertiefend die bestimmenden Faktoren seines Problems herausfinden, um eine für ihn passende Lösung finden zu können.

Und dem angehenden Manager eines veganen Supermarktes hilft kein grundsätzliches Manager-Handbuch, sondern nur die in wissenschaftlicher Praxis trainierte Fähigkeit zur Analyse der Konkurrenzsituation, der Bezugsquellen, der Zielgruppen und deren Präsenz in einem zu definierenden Umkreis, und so weiter.

Paul Watzlawick hat uns mit auf den Weg gegeben, dass es die Aufgabe der Wissenschaft sei, Verfahrensweisen zu entwickeln, die für einen ganz bestimmten Zweck wirksam sind. Je mehr und je öfter wir selbst solche Verfahrensweisen als Lösungsangebot entwickeln, umso besser werden wir geschult sein, wissenschaftlich Lösungen zu entwickeln. Genau dafür brauchen wir also immer wieder die eigene Praxis des wissenschaftlichen Arbeitens, wie sie in der hochschulischen Umgebung durch entsprechende Haus-, Projekt- und Abschlussarbeiten realisiert wird.

1.5   Falsifikation als Arbeitsprinzip

Sir Karl Raimund Popper hat mit seinen Arbeiten wesentliche Beiträge zur Erkenntnis- und Wissenschaftstheorie geleistet. Er kritisierte eine gängige Wissenschaftsvorstellung, nach der aufgrund von konkreten Beobachtungen verallgemeinernd Schlüsse für wissenschaftliche Theorien gezogen werden.

Nehmen wir als Beispiel die durch unsere tägliche Praxis genährte Alltags->>Erkenntnis<<, besser gesagt: alltägliche Vorstellung, dass wir Menschen >>von Natur aus<< auf Nahrung tierlicher Herkunft angewiesen seien. So waren wir meist aufgewachsen, programmiert mit Slogans wie >>Fleisch ist ein Stück Lebenskraft<< und >>Milch macht müde Männer munter<<. Folglich besteht bei vielen Zeitgenossen der unverrückbare Glaube, ohne solche Nahrung ginge es nicht, denn sonst würde man auf jeden Fall bald krank werden und verfrüht sterben.

Auch die Mehrzahl der Mediziner und Ernährungswissenschaftler hängt noch dieser Idee einer notwendigen Ernährung mit tierlichen Bestandteilen an. Sie alle hatten einst ihre wissenschaftlichen Ausbildungen genossen und wurden dort mit dem damaligen wissenschaftlichen Erkenntnisstand geprägt, der die sogenannte Mischkost als gesund und notwendig bezeichnet.

Das Mantra von der gesunden Mischkost lebt also auch von wissenschaftlichen Ergebnissen, selbst wenn der heutige Wissensstand dieses Denken inzwischen als überholt gelten lässt.

Hatten wir eben noch von Paul Watzlawick gelernt, dass vieles Wissen nach einiger Zeit durch neue Erkenntnisse und Untersuchungen überholt ist, lernen wir jetzt bei Karl Popper eine weitere kritische Sicht zum Umgang mit wissenschaftlich gestützten Theorien kennen. Er lehnte bereits vor Jahrzehnten grundsätzlich alle induktiv (auf Beobachtungen basierend) erstellten Theorien als unsichere Spekulationen ab und forderte, dass sie durch Suche nach ihnen widersprechenden Beobachtungen umzustoßen seien.

Dies wird recht einfach nachvollziehbar am Beispiel der Behauptung, alle Schwäne seien weiß. Eine solche Behauptung kann nur solange Bestand haben, bis der erste schwarze Schwan gesichtet wird. Und als der erste schwarze Schwan überprüfbar auftauchte, wurde die bisherige Theorie der stets weißen Schwäne selbstverständlich sogleich >>falsifiziert<<, also als falsch erkannt und verworfen.

Zurück zu unserem zuvor gewählten Beispiel – zu der Behauptung, Menschen benötigten Nahrung tierlicher Herkunft. Diese als Wissen bezeichnete Behauptung wird derzeit bereits in mehr als einer Million Fällen in Deutschland tagtäglich widerlegt – denn 1,5 Prozent der Menschen in Deutschland lebten im Jahr 2015 bereits vegan, also ohne Nahrungsmittel tierlicher Herkunft oder Bestandteile (vgl. veganomics.de 2014).

Die mit viel Förder- und Forschungsgeldern untermauerte Theorie von der Notwendigkeit einer Ernährung mit tierlichen Bestandteilen wurde also damit längst durch den für jedermann beobachtbaren Alltag falsifiziert.

Damit ist allerdings noch lange nicht gesagt, dass die Mehrheit der Menschen in Deutschland solch eine eindeutig überholte und widerlegte Theorie wie die von der Notwendigkeit tierlicher Nahrungsbestandteile umgehend verwerfen würde – im Gegenteil. Wir erleben es in vielen Bereichen unseres Alltags, dass frühere Theorien offenbar nicht stimmen: in den Bereichen Ökonomie, Ökologie, Politik, Gesundheit. Dennoch halten viele Menschen mitunter sehr energisch an längst überholten und widerlegten Ideen und Theorien fest.

Von Sir Karl Raimund Popper nehmen wir also eine grundsätzlich kritische Einstellung mit: Überprüfe stets, was behauptet wird – und sei sogar dazu angespornt, nach allem zu suchen, was jener Behauptung widersprechen könnte! Einfach deswegen, damit nicht aus bloß behaupteten, beobachtungsgestützten Sachverhalten angeblich »gültige« Theorien werden, denen dann keiner mehr widersprechen mag. Einfach deswegen, damit nicht falsche »Wahrheiten« bestehen bleiben – unter Hinweis auf ihre zu früheren Zeiten noch mögliche – jedoch vorläufige – Bestätigung.

Hinzu kommt der Hinweis von Popper, dass sich nichts »verifizieren« lässt – also für immer und ewig als *wahr* erklären. Denn wir können für jetzt und für die Zukunft grundsätzlich keine Situation ausschließen, die der zuvor verfassten Theorie widerspricht.

Also: wir können und sollen falsifizieren – aber wir können und sollen nicht verifizieren wollen. Solange es (noch) nicht gelungen ist, eine Behauptung oder gar Theorie zu falsifizieren, gilt sie gemäß Popper keinesfalls als verifiziert, sondern nur als »vorläufig bestätigt«. Das Ergebnis »verifiziert« kann es demzufolge und logischerweise niemals geben.

Die Theorie, unsere Ernährung benötige zum Erhalt unserer Gesundheit tierliche Bestandteile, ist – um es gemäß der Herangehensweise von Sir Popper zu resümieren – schon seit Jahrzehnten nicht mehr »vorläufig bestätigt«, sondern längst widerlegt, »falsifiziert«. Sie stimmt also nicht; solche Behauptungen sind nach heutigem Wissen eindeutig falsch.

Warum ist das für uns wichtig? Weil es seit Popper zu den selbstverständlichen Aufgaben eines jeden Wissenschaftlers zählt, einmal – und es reicht wirklich einmal – widerlegte Behauptungen und Theorien nicht weiterhin zu nutzen, sondern zu verwerfen. Diese Widerlegungen ausfindig zu machen und zu berücksichtigen, gehört zu den Prinzipien unseres wissenschaftlichen Arbeitens.

Damit sollte nach Watzlawick nun mit Popper ein weiteres Mal deutlich geworden sein, wie wichtig für uns selbst eine beständige Praxis wissenschaftlichen Arbeitens ist: Sie schützt uns davor, »Allgemeinplätze« für wahr und richtig zu halten, und sie motiviert uns für die Suche nach Untersuchungen, die Behauptetes mit dem Ziel der Falsifizierung überprüft haben.

Dies bewahrt uns davor, mit ungültigen Theorien untaugliche Lösungen zu verursachen. (Lesetipp: Popper 1966)

1.6   Wissenschaft und Kommunikation

An dieser Stelle sei als weiterer wichtiger Begriff die Hermeneutik genannt, die sich mit den Grundlagen und Prozessen des Verstehens befasst. Sie ist nicht nur typisch für und in Besitz der Geisteswissenschaftler. Erinnern wir uns an Hans-Peter Dürr oder nehmen wir die Aussagen von Paul Watzlawick: Das Verstehen von Aussagen und Kontexten, aber auch der eigenen Methodik und Vorgehensweise ist unerlässlich, um überhaupt wissenschaftlich tätig sein zu können. Das klingt banal, hat aber eine bedeutsame grundsätzliche Komponente.

Das Verstehen erfordert die Auseinandersetzung mit den Verständnismöglichkeiten anderer. Jeder, der wissenschaftlich arbeitet, muss Quellen und Aussagen und Daten verstehen und interpretieren und für sein Erkenntnisziel nutzbar machen können. Und er muss seine eigenen Wege und Befunde anderen verständlich machen können.

Trainiert wird das Verstehen im zwischenmenschlichen Dialog und in der Auseinandersetzung mit Aussagen und Texten aus anderen als den je eigenen Alltags- und Kulturbereichen. (Lesetipp: Jung 2012)

Wissenschaft erfordert Dialog

Ein Wissenschaftler arbeitet stets mit vorhandener Literatur und oftmals im Austausch mit anderen Forschern, gar aus anderen Disziplinen. An Hochschulen und in anderen Forschungseinrichtungen bestehen zudem in der Regel Betreuungsrelationen oder auch konkrete Zusammenarbeitsphasen mit anderen Forschern.

Spätestens bei der Publikation von Ergebnissen, häufig auch bereits bei Zwischenergebnissen tritt der Forschende in den Dialog mit anderen ein, es gibt Feedback und Korrekturhinweise. Daher ist es notwendig, von vornherein auf diese fachliche Kommunikation eingestellt zu sein und alles, was schriftlich verfasst wird, so anzulegen, dass es für andere gut nachvollziehbar sowie überprüfbar ist.

Mit einer solchen dialogischen Haltung sorgt ein Forschender dafür, dass er nicht nur für seine eigenen Zwecke eine im definierten Kontext nützliche Lösung erarbeiten kann, sondern dass er gleichermaßen allen anderen seine Vorgehensweise und Ergebnisse samt Methodenanwendungen transparent und somit nützlich macht.

Forschung und Entwicklung

Dieser Nutzen aus neuen, durch Forschen gewonnenen Erkenntnissen wird oftmals als Grundlage für die Anwendung im Bereich der Entwicklung eingebracht; auch können aus der Entwicklung neue Forschungsthemen entstehen (vgl. Balzert u. a. 2011: 49 f.).

Insofern bezeichnen die mitunter typischerweise in Unternehmen anzutreffenden Bereiche »F+E« oftmals das Zusammenspiel zwischen angewandten Forschungs- und Entwicklungsaktivitäten.

Und doch muss gerade die Relativität von »F+E« stets im Blick bleiben: Gewonnene Erkenntnisse gelten für einen bestimmten Zeitpunkt oder Zeitraum und für einen bestimmten Kontext – mehr in der Regel nicht, siehe Paul Watzlawick. Und sie sind zu verwerfen, wenn sie einer falsifizierenden Überprüfung nicht standgehalten haben, sei es auch nur in einem einzigen Falle – siehe Sir Karl Raimund Popper.

1.7   Wirklichkeitskonstruktionen

Erkenntnisse, die zu Theorien ausgebaut wurden, können sehr bald überholt sein oder sie wurden inzwischen einfach widerlegt. Wie kann das sein? Schließlich haben sie doch oftmals prägende Wirkungen für unsere Wirklichkeit – und in anderen Fällen wiederum kaum.

- Tierliche Nahrung galt früher als Quelle der Gesundheit und Kraft des Menschen. Inzwischen ist klar, dass der Verzehr von Fleischprodukten sowohl sogenannte Zivilisationskrankheiten fördert oder sogar auslöst; auch ist klar, dass er für die lebensbedrohlichen Antibiotika-Resistenzen verantwortlich ist, die allein in Deutschland jährlich nach Recherchen von Journalisten bis zu 40.000 Todesfälle verursachen (vgl. ZEIT ONLINE 2014) – der Fleischkonsum geht dennoch nicht merklich

> zurück.
> - Längst ist klar, dass Apple bald wieder eine neue iPhone-»Generation« vorstellen wird – und ebenso ist erwartbar, dass viele Menschen wieder alles daran setzen werden, eines der allerersten Geräte dieser Art in ihren Besitz zu bringen, obgleich sie es nicht wirklich benötigen und obgleich durch die Produktion unsere Umwelt, Menschen, Tiere und Ressourcen unnötig belastet und ausgebeutet werden.

In beiden Fällen ist aufgrund von solchen Informationen eine Erkenntnis möglich, die lauten könnte: »Achtung, schädlich!« – aber logische Folgerungen aus diesen Informationen sind nicht abzusehen. Offenbar gibt es also keinen »mechanischen« Wirkungszusammenhang zwischen erlangtem Wissen und resultierendem Handeln.

Es stellt sich die Frage nach der Wirklichkeit unserer Wirklichkeit – besser gesagt: unserer Wirklichkeiten. Erkenntnistheoretiker der letzten Jahrzehnte haben mit dem »Konstruktivismus« ein Paradigma, also einen Bezugsrahmen beschrieben, der für unser wissenschaftliches Arbeiten bedeutsam ist. Schließlich untersuchen wir Wirklichkeiten – durch Analysen, Befragungen, Interpretationen, durch das Verständnis von Quellen unterschiedlicher Art. Doch wie können wir sicherstellen, dass wir sie »richtig« erfasst haben und somit zu validen, also gültigen Ergebnissen gelangen können?

Der Grundgedanke des Konstruktivismus ist, dass der Mensch im Wahrnehmen seiner Mitwelt nicht passiv rezipiert, sondern dass er sich aus dem, was ihm seine Sinne liefern, durch Selektion, Projektion und Bedeutungszuweisung seine Welt selbst aufbaut (vgl. Pörksen 2002). Er »konstruiert« also seine Welt auf individuelle Art und Weise, ist dabei allerdings geprägt von sozialen und kulturellen Gegebenheiten.

Der Mensch als ein gestaltendes, auf sich selbst bezogenes, in sich geschlossenes System weiß immer nur etwas von sich selbst, niemals aber etwas über die Realität außerhalb seiner selbst. Zwar leugnen die »Radikalen Konstruktivisten« nicht die Existenz dieser Realität, aber sie sprechen dem Menschen grundsätzlich die Möglichkeit ab, etwas darüber zu erfahren und zu wissen, wie die wirkliche Realität beschaffen ist.

Wenn wir also nach Wissensstand und Operationsweise unserer Gehirne nur Vorstellungen von Wirklichkeit entwickeln, nicht aber auf so etwas wie »die Realität« direkt zugreifen können (vgl. Weischenberg 1998: 60), müssen wir über subjektive Wirklichkeiten nachdenken. Auf Absolutheit orientierte Maßstäbe wie »wahr« oder »richtig« werden dann dem Maßstab der Viabilität weichen – was ist oder war in jener Situation und aufgrund der jeweiligen Sichtweise »nützlich«, »hilfreich«, »erfolgreich«.

Dieser Konstruktivismus erscheint uns zunächst unvereinbar mit unserem traditionellen, ontologisch orientierten Denken, das stets unterstellt, dass etwas so und nicht anders »ist«.

Auch ein Satz wie »Das sind doch Fakten!« suggeriert Unumstößliches, Vorgegebenes, Vorzufindendes – entsprechend unserer Sehnsucht nach Endgültigem. Dabei erweist sich die genauere Betrachtung des Wortes »Faktum« als Hinweis auf etwas ganz anderes: »Gemachtes« wäre nämlich die wörtliche Übersetzung des lateinischen Wortes »factum«, wie auch das Wort »Tatsachen« verrät, dass da offensichtlich von jemandem Sachen getan worden sind.

Der radikale Konstruktivismus ist eine Erkenntnistheorie, in der die Erkenntnis nicht mehr eine »objektive« Wirklichkeit betrifft, sondern die Ordnung und Organisation von Erlebnissen und Erfahrungen. So liegt der eigentliche Unterschied des Konstruktivismus zum ontologischen Denken in der Einschätzung des Verhältnisses von Wissen und Wirklichkeit. Der Mensch kann nur wissen, wie er zu seiner Wirklichkeitsvorstellung gekommen ist, aber er kann deswegen nicht etwas Definitives sagen über die davon unabhängige, außerhalb von ihm selbst existierende »Realität«. Lediglich das eigene Scheitern sagt etwas über diese »Realität« aus: Wer aneckt, stolpert, strandet – der weiß, dass seine Wirklichkeitsvorstellung nicht gepasst hat.

Die Wissenschaft spricht in ähnlicher Weise davon, dass eine Hypothese nur falsifiziert werden kann, nicht aber verifiziert, denn es könnten jederzeit Bedingungen eintreten, die eine vorläufige Bestätigung widerlegen. Es gibt offenbar keine endgültige Wahrheit für den Menschen.

Erkenntnis ist für den Konstruktivisten nicht Erkenntnis von Realität außerhalb von ihm selbst, sondern nur die Bewusstmachung der Operationen des Gehirns, deren Resultat unsere Erlebenswelt ist. Diese Erkenntnis ist ihm wichtig.

1.8   Passende Vorgehensweisen

Auch Wissenschaft konzentriert sich in verantwortungsvoller Weise auf die Bewusstmachung der Operationen, die zu einem Ergebnis geführt haben. Nachvollziehbarkeit, Transparenz und Überprüfbarkeit sind Qualitätskriterien, die hiermit zu tun haben.

Im wissenschaftlichen Alltag setzen wir vor allem auf das Bewährte – also auf das, was sich durch Wiederholung angeblich bewährt hat und bis jetzt nicht wiederlegt wurde. (Lesetipp: Von Foerster 1997)

Abbildung 4: Siegfried Peterseim im Interview
(Quelle: Screenshot aus Gertler 1997a)

Der Astronom Siegfried Peterseim beispielsweise erklärt, dass man bei den Sternen die Entfernung zur Erde messen kann, indem man den Erdumlauf um die Sonne nutzt. Man sehe eine Verschiebung des Sterns vor dem Hintergrund, die umso kleiner ausfalle, je weiter der Stern von uns entfernt sei. Bei den weiter entfernten Galaxien beobachte man eine Verschiebung des Lichtes zum roten Ende des Spektrums; diese falle umso größer aus, je weiter das Sternsystem von uns entfernt ist. (Vgl. Peterseim in Gertler 1997a ab 0:01:38)

Solange diese Messmethode noch nicht durch eine genauere abgelöst oder widerlegt wurde, gilt sie auch weiterhin. Sie ist viabel und wissenschaftlich solange nutzbar – und dazu gehört, dass wir gemäß der konstruktivistischen Erkenntnistheorie uns ihrer Bedingtheit und Vorgehensweise bewusst bleiben.

Gibt es denn wirklich keine unverrückbare Wirklichkeit? Doch, werden Sie sagen: die Naturgesetze! Nein: »Naturgesetze« als ein von Menschen geschaffener Begriff für etwas sehr Statisches, Gottgegebenes dürften daher problematisch sein.

Tatsächlich präsentiere ich Ihnen mit Hans-Peter Dürr einen Astrophysiker, der hierzu seine gut durchdachten Vorbehalte hat und sie erläutert: »*Auch die Naturgesetze gelten nicht in der Art und Weise, wie wir das glauben, in der alten me-*

chanistischen Form, dass etwas wie ein Uhrwerk abläuft. Sondern die Naturgesetze sind auch nur ein Ergebnis der Evolution, dass sie sich herausgebildet haben, vermutlich auch so, dass andere Möglichkeiten der gesetzlichen Anordnung möglich waren, aber es ist so eingerastet auf eine bestimmte Art und Weise, fast wie eine Art Gewohnheit. Mir fällt da immer ein, wenn ich im Zug fahre und es fängt an zu regnen und ich sehe, wie das Wasser an der Scheibe herunterläuft – da müssen Sie mal aufpassen, wie das Wasser versucht, nach unten zu kommen. Da kommt es auf die krummsten Art und Weisen nach unten, aber wenn es einmal einen Pfad gefunden hat, dann geht das ganze Wasser da entlang. Und dann komme ich hinterher und frage: Warum ist das Wasser genau diesen Pfad gegangen? Es hätte auch einen anderen Pfad geben können, aber wenn es erst einmal den Weg gefunden hat, dann wird es gewissermaßen zu einer Naturgesetzlichkeit jetzt für den Ablauf des Wassers. Auf diese Weise sind auch die Gesetzmäßigkeiten entstanden.« (Hans-Peter Dürr, in Gertler 1997b bei 5:16)

Hans-Peter Dürr greift dabei, ohne es direkt zu sagen, auf das »Passen« des Konstruktivisten zurück. Das Regenwasser hat auf der Scheibe einen für sich passenden Weg nach unten gewählt – oder ihn sich gebahnt. Der Weg musste nicht genau dieser eine Weg sein, sondern er musste lediglich in diesem Moment, heute und nur auf dieser einen Fensterscheibe, für das Ablaufen des Wassers passen.

Beim wissenschaftlichen Arbeiten richten wir uns auf »passende« Vorgehensweisen, um zu nutzbaren Ergebnissen zu gelangen – ob sie wirklich die »passenden« Vorgehensweisen sind, zeigt sich aber erst im Nachhinein. Selbstverständlich beachten wir dabei aber die Vorgaben der Methoden, die wir wählen. Auch sie entstanden nicht von Gottes Hand, als unverrückbare Naturgesetze beim Schöpfungsakt der Welt, sondern durch das Verproben beim ständigen Anwenden, allein darauf gerichtet, gemäß den wissenschaftlichen Qualitätskriterien für die Erzielung von Ergebnissen zu passen.

So lässt sich auch Objektivität sicherstellen – konstruktivistisches Denken steht schließlich nicht für die Rechtfertigung von Beliebigkeiten, sondern fragt nach den Bedingungen des Zustandekommens einer Sichtweise oder Erkenntnis. Für Objektivität sorgen wir beim wissenschaftlichen Arbeiten durch sachliche Darstellung, durch eine repräsentative Auswahl von Argumenten und Gegenargumenten, durch klare Beschreibung, durch korrekte Interpretation und durch die Berücksichtigung von Einwänden.

1.9   Aufgabenblatt zu diesem Kapitel

Unterstützen Sie durch diese Aufgaben gezielt Ihr Selbststudium!

1. Welche wesentlichen Merkmale gehören zum Wissenschaftsbegriff?

2. Wie unterscheiden sich die Wissenschaftsgebiete – und was haben sie gemeinsam?

3. Wie stellen Sie sich interdisziplinäres Vorgehen vor? Schildern Sie es an einem denkbaren Beispiel.

4. Warum entdecken die Wissenschaften gemäß Hans-Peter Dürr nicht Eigenschaften der Natur – und wie stehen Sie zu seiner Sicht, dass die verwendeten Methoden das Ergebnis vorbestimmen? Begründen Sie Ihren Standpunkt mit einem nachvollziehbaren Beispiel.

5. Wie verstehen Sie die Kritik von Paul Watzlawick an der Vorstellung von einer „wirklichen Wirklichkeit" – und was bedeutet sie für Ihre eigene Vorstellung: Bestärkung oder Infragestellung?

6. Wenn wir nicht generelle Antworten entwickeln, sondern Vorgehensweisen zum Ermitteln von Lösungsmöglichkeiten lernen wollen: Welche sind Ihnen bereits bekannt oder sogar vertraut?

7. Welche Folgen für Ihre eigene erste oder nächste Untersuchung könnte die Forderung von Sir Karl R. Popper haben, man solle nach widersprechenden Beobachtungen suchen, um Theorien und Behauptungen zu widerlegen?

8. Diskutieren Sie – mit Blick auf eine Sie selbst beschäftigende zu erforschende Fragestellung – die konstruktivistische Sicht, nach der Erkenntnis sich nicht auf die Realität außerhalb des Menschen beziehen kann, sondern nur auf die Bewusstmachung der Operationen des eigenen Denkens und Vorgehens.

2 Qualitätskriterien

Es existiert kein vollständiger und endgültiger Kanon von Qualitätskriterien des wissenschaftlichen Arbeitens, der von einer entsprechenden Stelle als verbindlich verabschiedet worden wäre.

Dennoch lassen sich allgemein anerkannte prinzipielle Kriterien sowie ergänzend für empirisches Arbeiten bedeutsame Kriterien benennen.

Prinzipielle Kriterien:

1. Zielgerichtetheit
2. Besonderheit
3. Relevanz
4. Logik
5. Nachvollziehbarkeit
6. Ehrlichkeit
7. Überprüfbarkeit
8. Transparenz

Kriterien für empirisches Arbeiten:

9. Validität
10. Reliabilität
11. Signifikanz
12. Repräsentativität

Prinzipielle Kriterien

Die folgenden Qualitätskriterien der Wissenschaftlichkeit gelten für alle Arten von wissenschaftlichen Arbeiten – also im hochschulischen Alltag, der ja im Erfolgsfalle in Deutschland stets mit einem wissenschaftlichen Abschluss endet, für Haus-, Referats-, Projekt- und Abschlussarbeiten.

2.1 Zielgerichtetheit

Wissenschaft kennt nur ein Ziel: durch Untersuchen neues Wissen zu schaffen. Diese Ausrichtung muss an einer wissenschaftlichen Arbeit als Leitmotiv erkennbar sein. Somit schreibt man nicht »über ein Thema«, man »wählt« auch nicht »ein Thema« – sondern man sucht sich einen Untersuchungsgegenstand, der im Rahmen der Vorgaben bearbeitbar ist.

Wenn Studierende anfangen: »Ich würde gern schreiben über...« – dann unterbreche ich sie und erkläre, dass es nicht darum geht, ein Essay über etwas zu schreiben, sondern etwas mit klarer Zielsetzung und sauberer methodischer Vorgehensweise zu untersuchen, um ein Ergebnis zu erzielen, somit neues Wissen zu schaffen.

Wissenschaft ist *eine zielorientierte, aber ergebnisoffene Aktivität*. Man kann nicht vorhersehen, ob und wie das inhaltlich erwartete oder erwünschte Ergebnis erreicht wird.

Das Ziel, »über etwas zu schreiben«, ist keines, das wissenschaftlich wäre – ebenso wenig kann das Ziel, »etwas zu konzipieren«, also ein Praxisziel zu erreichen, passend sein für eine wissenschaftliche Arbeit.

Die Gerichtetheit ausschließlich auf ein Untersuchungsziel ist daher ein erstes, unverzichtbares und prinzipielles Qualitätskriterium für Wissenschaftlichkeit.

2.2   Besonderheit

Ein zweites grundlegendes wissenschaftliches Qualitätskriterium soll hier unter diesem Begriff gefasst und erläutert werden. Wenn Forschen bedeutet, auf Basis von bereits Erforschtem und mit Hilfe von neuen Argumenten, Ergebnissen o. ä. sowie unter Einhaltung eines nachvollziehbaren Weges und unter Einsatz passender und bewährter Methoden zu neuen Erkenntnissen zu gelangen, ist zu folgern, dass jede wissenschaftliche Arbeit ein Unikat ist und sein muss. Aus diesem Grunde werden an den Hochschulen auch keine Forschungsthemen zur Bearbeitung zugelassen, die in vergleichbarer Weise bereits zuvor von jemand anders realisiert wurden.

Die Besonderheit liegt dabei möglicherweise aber nicht nur in der Themenwahl, also in der Problemstellung und Zielsetzung – sie kann auch in der Methodenwahl begründet sein.

Als Beispiel für das Kriterium Besonderheit durch interdisziplinäre Methodenwahl mag eine eigene geisteswissenschaftliche Untersuchung dienen, deren Ergebnisse mit einer quantitativen Inhaltsanalyse von Zuschauerbriefen überprüft wurden (vgl. dazu das konzeptionelle Modell bei Gertler 1999: 169). Hier wurde eine in der Kommunikationswissenschaft häufig verwendete empirische Methode – die quantitative Inhaltsanalyse – gewählt, um eine Stichprobe aus Zuschauerbriefen zur Überprüfung einer zuvor rein geisteswissenschaftlich erarbeiteten These zu nutzen. Dieses interdisziplinäre Vorgehen mit Hilfe der multiplen Regression war für die geisteswissenschaftliche Disziplin, in der das Forschungsprojekt angesiedelt war, eine Besonderheit.

2.3   Relevanz

Durch eine erkennbare Orientierung auf die Besonderheit der eigenen wissenschaftlichen Fragestellung oder Vorgehensweise kann auch jene Relevanz entstehen, die das als Ergebnis der Forschung entstehende Werk für die zugehörige wissenschaftliche Disziplin bedeutsam werden lässt.

Forschung muss schließlich neue Erkenntnisse bringen, darin liegt ihre Relevanz, und dieser Anspruch gilt daher für jede wissenschaftliche Aufgabenstellung, welchen Umfang sie auch immer erreichen mag.

Relevanz als Qualitätskriterium der Wissenschaftlichkeit bezieht sich demnach vor allem auf die Bedeutung für das eigene wissenschaftliche Fachgebiet, nicht aber auf die Bedeutung für das Anwendungsgebiet in der beruflichen Praxis, für das im konkreten Fall möglicherweise geforscht wird.

Für wissenschaftliche Arbeiten ist relevant, was zum wissenschaftlichen Fortschritt beiträgt und im eigenen Fachgebiet neues Wissen schafft.

2.4   Logik

Wissenschaftliche Arbeiten behaupten nicht irgendein Ergebnis, sondern legen die vollständige Entwicklung dieses Ergebnisses offen. Alle Annahmen, Argumente und Folgerungen müssen explizit hergeleitet, logisch begründet und kritisch diskutiert werden.

Jede Argumentationskette muss klar und strukturiert dargelegt sein, von den Prämissen bis zur Schlussfolgerung.

*   Die *induktive* Logik geht dabei von einzelnen Beobachtungen aus und folgert, dass das hinter dem Beobachteten Vermutete ein generelles Muster sein könnte (»Wenn X und Y sich so darstellen, dann gilt für Z wahrscheinlich, dass...«). Induktive Argumentionen schließen von Einzelbeobachtungen auf das Ganze – die Schlussfolgerung ist daher nur mit einer gewissen Wahrscheinlichkeit wahr.

*   Die *deduktive* Logik folgert, dass bei diesen oder jenen Voraussetzungen das Ergebnis so oder so aussehen müsse (»Wenn X diese Werte hat und Y jene, dann muss für Z gelten, dass...«). Die Schlussfolgerungen von deduktiven Argumentionen sind auf jeden Fall wahr, wenn die Prämissen und Begründungen wahr sind.

Es ist wichtig, darauf zu achten, die Logik der eigenen Argumentationen und Folgerungen immer wieder zu reflektieren und zu begründen – auch jeder nicht mit der Untersuchung befasste Leser muss verstehen können, dass und warum ein jeder in der Arbeit behauptete logische Zusammenhang tatsächlich besteht.

2.5   Nachvollziehbarkeit

Der gesamte Forschungsprozess ist von ihr betroffen, ebenso alle Inhalte der resultierenden Publikation.

Wenn Dritte nicht nachvollziehen können, warum und wie ein Forschungsprojekt gegliedert wurde, wo die Problemstellung verortet wurde, welches Ziel gesteckt wurde, welche Quellen und Daten genutzt wurden und aus welchen Gründen, oder wenn gar die Grundsätze der logischen Argumentation nicht eingehalten wurden – dann kann von einer wissenschaftlichen Arbeit keine Rede sein.

Balzert u. a. machen deutlich, dass die Inhalte und das Vorgehen in wissenschaftlichen Arbeiten sich dem Leser oder Zuhörer erschließen müssen. Sie stellen das Kriterium der Nachvollziehbarkeit explizit in Zusammenhang mit weiteren Qualitätskriterien, die dort separat erörtert werden: mit Objektivität, Überprüfbarkeit, Reliabilität, Validität, Verständlichkeit, Relevanz und logischer Argumentation (vgl. Balzert u. a. 2011: 43 ff.). Dies macht deutlich, welche grundlegende Bedeutung dem Qualitätskriterium der Nachvollziehbarkeit zugemessen wird.

2.6   Ehrlichkeit

Die in den letzten Jahren publik gewordenen Plagiatsfälle bei Forschungsarbeiten haben dazu beigetragen, dass Ehrlichkeit als ein prinzipielles Qualitätskriterium bekannt wurde, von dem vieles abhängt:

> »Allen voran steht die Ehrlichkeit gegenüber sich selbst und anderen. Sie ist zugleich ethische Norm und Grundlage der von Disziplin zu Disziplin verschiedenen Regeln wissenschaftlicher Professionalität, d. h. guter wissenschaftlicher Praxis. Sie den Studierenden und dem wissenschaftlichen Nachwuchs zu vermitteln, gehört zu den Kernaufgaben der Hochschulen.« (Deutsche Forschungsgemeinschaft 1998: 5)

Ehrlicher Umgang mit Quellen sowie mit fremden und eigenen Ergebnissen schließt zwar noch keinen Irrtum aus, trägt aber wirksam dazu bei, jenen zu vermeiden. Daher erfordert allein schon das Kriterium der Ehrlichkeit, alle übernommenen bzw. erstellten Daten, Analysen und Aussagen zu überprüfen, bevor sie in den Lösungsweg einbezogen werden.

Ehrlichkeit begründet Glaubwürdigkeit und bezieht sich auch auf die textliche und gestalterische Darstellungsweise, die bei wissenschaftlichen Arbeiten stets sachlich und neutral gehalten sein soll.

Ein behauptender oder tendenziöser Schreibstil wäre schon deshalb ein Verstoß gegen die Ehrlichkeit, weil er Quellen verschleiern oder Positionen stützen bzw. diskriminieren würde. Der wissenschaftliche – also rein argumentativ vorgehende, Fragen stellende und schlussfolgernde – Schreibstil sorgt dagegen für ein ehrliches und auf Objektivität orientiertes Vorgehen. Dieses erfordert auch, konsequent der Versuchung zu widerstehen, das eigene wissenschaftliche Produkt nicht nur textlich, sondern auch optisch-gestalterisch zu verschönern.

Auch wäre es unehrlich, in einer lediglich formal wissenschaftlich aussehenden Arbeit nicht zu forschen, sondern etwas Praktisches zu konzipieren oder zu gestalten, weil in diesen Fällen auf ein gewünschtes, also vorgegebenes Ergebnis hin gearbeitet wird, indem etwa ein Marketingkonzept für ein Unternehmen erstellt oder ein Produkt welcher Art auch immer entworfen werden soll.

Wer ehrlich forscht, geht zudem fair mit anderen um und nimmt dabei seine Verantwortung und Rolle als Forscher gegenüber Mitforschenden, Betreuern und der eigenen wissenschaftlichen Disziplin wahr.

2.7 Überprüfbarkeit

Dieses Kriterium klingt banal, ist es aber nicht, wenn man sich vor Augen hält, dass jede Folgerung, jede Annahme, jede Hypothese so formuliert sein muss, dass sie überprüfbar ist.

Dies bedeutet, dass alle Formulierungen Angaben und Zusammenhangsbedingungen solcher Art enthalten, die klar genug sind, damit Dritte mit diesen Angaben zu gleichen oder vergleichbaren Schlüssen kommen können.

Jede Hypothese muss so formuliert sein, dass sie überprüfbar ist – mit dem Popper'schen Ziel der Falsifikation.

Darüber hinaus müssen alle genutzten Quellen überprüfbar und kontrollierbar sein, genutzte Zitate müssen mit dem Original vergleichbar sein und ihm entsprechen.

Somit entfallen alle Quellen, die nicht publiziert sind – also sind alle regulären hochschulischen Arbeiten unterhalb einer Doktorarbeit und auch alle Studienhefte und -materialien, wie man sie etwa bei Fernstudiengängen einsetzt, nicht nutzbar. Denn was nicht überprüfbar ist durch Dritte, die nur öffentliche Zugänge zu Quellen haben, ist nicht zitierfähig, da nicht für jedermann überprüfbar.

Zur Überprüfbarkeit trägt bei, Kernaussagen wie Annahmen oder Hypothesen widerlegbar zu formulieren, die eigene Vorgehensweise zu dokumentieren und zu begründen und seine Zwischen- und Endergebnisse klar darzulegen.

Es ist notwendig, die verwendeten Messinstrumente, Hilfsmittel und Methoden zu beschreiben und die Herkunft genutzter Daten offen zu legen.

Zudem helfen Grafiken und Abbildungen, Anhänge und Tabellen, den Prozess von der Fragestellung bis zu Lösungsfindung nachzuvollziehen.

Bei Internetquellen sind zudem im Quellenverzeichnis (also nicht in den Fußnoten oder In-Text-Referenzierungen) die URL und der Tag des Abrufs anzugeben.

2.8   Transparenz

Wissenschaftliches Arbeiten erfordert als Grundmuster schließlich auch Transparenz. Es muss prinzipiell klar sein, ob und inwiefern ergebnisoffen und somit unabhängig in dieser Arbeit untersucht werden kann – dies ist gerade bei Auftragsforschung ein kritischer, aber wichtiger Punkt. Eine wissenschaftliche statt praxisgerichtete Zielsetzung dient dazu, die Wissenschaftlichkeit zu sichern. Eventuelle Auftraggeber und Partner des Vorhabens müssen benannt und ihre Interessen oder Vorgaben oder Einflüsse beschrieben werden.

Wenn Sie etwa eine Untersuchung anstreben, die für Marketing und Vertrieb eines neuen veganen Produkts hilfreich sein soll, dann sind Interesse und Ziel des Auftraggebers kenntlich zu machen. Um bei diesem Beispiel zu bleiben, bedeutet das, dass Ihre Arbeit dadurch besser auf ihre Ergebnisoffenheit und somit auf Relevanz und Wert geprüft werden kann.

Empirische Kriterien

Für die empirische Forschung sind weitere Qualitätskriterien bedeutsam, die hier im Überblick dargelegt werden sollen. In einem solchen Grundlagenkurs können die Besonderheiten des empirischen Forschens – nämlich des Nutzbarmachens von Erfahrungen, Meinungen und Sichtweisen oder auch des Verhaltens von Menschen – nur gestreift werden, daher mögen die folgenden Qualitätskriterien des empirischen Forschens als nicht vollständig, sondern lediglich grundlegend betrachtet werden.

2.9 Validität

Sie erfasst die Genauigkeit, mit der etwas geprüft wird. Nicht valide sind demnach Messungen, die den Messzweck nicht erfüllen. Auch zu kleine Stichproben, die keinerlei Repräsentativität ermöglichen, und falsch gewählte Stichproben führen zu nicht validen Ergebnissen.

Was ist nun eigentlich eine Stichprobe? Wenn Sie zum Beispiel dreihundert Menschen online oder durch persönliche Interviewer zu ihrem Ernährungsverhalten befragen wollen, dann sind diese dreihundert Fälle Ihre »Stichprobe«.

Warum Sie diese dreihundert Menschen befragen wollen und welche Merkmale sie dazu erfüllen sollen (z. B.: ernähren sich vegan / dies seit mind. drei Jahren / leben in Deutschland), müssen Sie in ihrem Forschungsdesign bestimmen.

Zu der Definition einer Stichprobe gehört die Bestimmung der Grundgesamtheit, zu der Sie diese Stichprobe ausgewählt haben. Die drei vorab genannten Merkmale legen ja die Unterstellung nahe, dass Sie damit etwas über viel mehr Menschen in Erfahrung bringen wollen als nur über die konkret Befragten - dazu müssen Sie also nun auch Ihre Grundgesamtheit genau definieren.

Angenommen, Sie wollen über eine Grundgesamtheit etwas in Erfahrung bringen, die über die drei Merkmale der eben beschriebenen Stichprobe verfügt, aber außerdem wollen Sie eigentlich etwas über Menschen im Alter von 20 bis 30 Jahren aussagen können – dann gehört dieses Kriterium zur Bestimmung Ihrer Stichprobe und somit zur Durchführung Ihrer Befragung und deren Auswertung dazu, sonst ist sie nicht valide.

Validität berührt ferner auch die inhaltliche Argumentation einer wissenschaftlichen Arbeit. Logische Fehler beispielsweise können zum Verlust der Validität des gesamten Vorhabens führen. Typische Fehlerquellen sind ferner Suchfragen mit zu großen Antwortspielräume, zu kleine Stichproben und falsch gewählte da für die Grundgesamtheit nicht repräsentative Stichproben.

2.10 Reliabilität

Damit bezeichnet man die Messgenauigkeit, die im Idealfalle so gut ist, dass bei einer Wiederholung der Messung unter gleichbleibenden Konditionen wiederum gleiche Ergebnisse erzielt werden.

Um bei eben skizzierten Beispiel zu bleiben: Wenn Ihr Fragebogen vorliegt und außerdem genaue Anweisungen, unter welchen Auswahlkriterien Kandidaten überhaupt befragt werden dürfen, dann sollte damit grundsätzlich sichergestellt sein, dass eine erneut durchgeführte Erhebung zumindest zu recht gleichen und nicht aber zu ganz anderen Ergebnissen führt.

Reliabilität berührt bei nicht-empirischen Arbeiten die Anforderung, dass eine Untersuchung anhand der vorliegenden Materialien zu gleichen Ergebnissen kommen kann.

2.11 Signifikanz

Signifikanz meint hier, dass ein über dem Zufall liegender Zusammenhang angenommen werden kann, wobei für den Zufall zuvor eine Schwelle festgelegt wurde.

Signifikanzprüfungen müssen vorgenommen werden, um aufgrund mathematischer Wahrscheinlichkeitsrechnung mögliche Zufallseinflüsse feststellen bzw. ausschließen zu können. Dabei ist der Zusammenhang zwischen den gewählten Stichprobengrößen und den Ergebnissen der Signifikanzberechnungen zu berücksichtigen.

Beim gewählten Beispiel könnte also etwa nach Zusammenhängen zwischen veganer Lebensführung und Alter und Wohnort gesucht werden. Bei nur dreihundert Befragten ist allerdings kaum erwartbar, dass die Variable Wohnort zu signifikanten Ergebnissen führen könnte – dazu wäre die Stichprobe voraussichtlich zu klein angelegt (vgl. zum Zusammenhang der Begriffe Merkmal und Variable Hennecke u. a. 2001).

Möglicherweise wäre aber ein signifikanter Zusammenhang zwischen »vegan« und »Alter« denkbar; dies hängt allerdings von der genaueren Fragestellung ab, die zur Aufstellung der Variablen geführt hat.

Das Beispielkriterium der Signifikanz macht bereits deutlich, dass empirisches Forschen viel Sachverstand und stets logisch nachvollziehbare Argumentationen erfordert.

2.12 Repräsentativität

In den Sozialwissenschaften ist die Repräsentativität quantitativer Ergebnisse von Bedeutung; daher wird eine Stichprobe in Bezug zu einer Grundgesamtheit definiert und es werden in der Regel deutlich höhere Fallzahlen für die Untersuchung benötigt als bei der qualitativen Vorgehensweise.

Unser Fallbeispiel machte es bereits deutlich: Es werden hohe Fallzahlen benötigt, je differenzierter die Variablen angelegt werden. Hinzu kommt, dass bei repräsentativen Erhebungen gewisse Standards eingehalten werden müssen, vor allem dann, wenn etwa für »die Deutschen« ein Ergebnis erzielt werden soll. So ermittelt man die Einschaltquoten des Fernsehens zwar nur bei einigen tausend Haushalten, aber man hat diese Haushalte sorgfältig so ausgewählt, dass sie insgesamt tatsächlich die Bewohner unseres Landes »vertreten« und somit die Repräsentativität gewährleistet ist.

2.13 Aufgabenblatt zu diesem Kapitel

Unterstützen Sie durch diese Aufgaben gezielt Ihr Selbststudium!

---

1. Welche der genannten Qualitätskriterien sind für Sie selbst – mit Blick auf eine Sie selbst beschäftigende zu erforschende Fragestellung – besonders beachtenswert? Aus welchen Gründen?

2. Worin könnte die Besonderheit Ihres eigenen Vorhabens bestehen? Auf welche Weise könnte das hilfreich werden?

3. Wie könnten Sie das Kriterium der logischen Argumentation auch formal bei Ihrem Vorhaben erfüllen? Konfrontieren Sie diesen Anspruch mit Ihrer Praxis in der Formulierung von Überschriften, der Gliederung, der Setzung von Absätzen, etc.

4. Welche Konsequenzen ziehen Sie aus dem Kriterium der Ehrlichkeit für Ihren Schreibstil, Ihre Zitierweise und die Quellenangaben (Referenzmanagement)?

5. Wie ergebnisoffen können Sie untersuchen – bestehen Zielvorgaben oder sonstige Einflüsse? Wie weit können Sie diese transparent machen?

6. Welche der empirischen Kriterien könnten bei Ihnen zutreffend sein – und wie wollen Sie versuchen, sie zu erfüllen?

---

3 Forschen

Forschungsprozesse verlaufen im Grunde genommen stets ähnlich:

1. Eine *Problemstellung* wird definiert – sie kann selbst erkannt oder auch als Auftrag vorgegeben sein.

2. Ein dazu passendes *Forschungsziel* ist zu formulieren und zu begründen. Ohne Ziel gibt es keinen Weg! Das zu definierende Ziel muss einen nachvollziehbaren Grund haben. Es erfordert einen Entdeckungszusammenhang (der die Problemstellung beinhaltet und benennt) und einen Begründungs- bzw. Analysezusammenhang. Mitunter erscheint ein größeres und breiter angelegtes Ziel lockender als ein kleines, auf klarere Begebenheiten eingeschränktes Ziel. Doch ist es ein Merkmal von Wissenschaftlichkeit, sich zu beschränken auf das, was in der gegebenen Zeit und mit den gegebenen Mitteln überhaupt erforschbar ist. Zu breite Ziele sind zudem meist nicht einlösbar, da mehr Variablen und Faktoren eine Rolle spielen könnten als man zu berücksichtigen imstande wäre.

3. Eine *Forschungsfrage* ist zu entwickeln, die auch auf die zu wählende Methode verweist. Mit der Zielsetzung einhergehend ist die Forschungsfrage zu entwickeln. Fällt es schwer, sie einlösbar zu formulieren, dann muss die Zielsetzung noch einmal kritisch überprüft werden: Ist sie ggf. zu breit, zu offen, zu ungenau?

4. Die *Forschungsmethode* ist zu erläutern und und ihre Nutzung zu begründen. Die Wahl der einzusetzenden Methoden folgt nicht persönlichen Vorlieben, sondern der Zielsetzung und Forschungsfrage. Sollen empirische Methoden eingesetzt werden, müssen sie zum Forschungsweg passend gewählt werden. Bei der Wahl der Forschungsmethode(n) ist anzugeben, warum und mit welcher (Teil-)Zielsetzung sie zum Einsatz gelangen sollen.

5. Das *Vorgehen* und seine Phasen sind zu bestimmen und zu planen. Nun ist also der Forschungsplan aufzusetzen. Er berücksichtigt alle obigen Eckpunkte und bringt sie in eine sinnvolle Reihenfolge. Außerdem finden sich in ihm Ansatzpunkte für Finanzierungsmöglichkeiten, Kooperationen, Reviews und ggf. für Teilpublikationen in Journals und Papers für Kongresse.

6. Die definierten Phasen sind *durchzuführen*, ggf. fallen Zwischenberichte an. Die Durchführung folgt der vorherigen Planung, wird aber immer offen sein für unerwartete Wendungen aufgrund von Zwischenergebnissen

oder externen Einflüssen. Wichtig ist eine gute Protokollierung der eigenen Vorgehensweise und aller Ereignisse, die auf sie Einfluss genommen haben – insbesondere dann, wenn Drittmittel (Fremdfinanzierungen) mit im Spiel sind.

7. Die erlangten *Ergebnisse* sind auszuwerten, kritisch zu diskutieren und zu präsentieren. Die Schlussphase des Forschungsvorhabens zielt auf eine nachvollziehbare und auftragsgemäße Präsentation aller erzielten Ergebnisse, einschließlich negativer Ergebnisse. Es ist nicht entscheidend, ob ein Ergebnis »erfolgreich« ist mit Blick auf ein erhofftes Ziel, sondern es ist entscheidend, ob es wissenschaftlich ehrlich und nachvollziehbar zustande kam und vorgelegt wurde.

Mit der Prüfung durch die Gutachter und / oder mit der Publikation endet das Forschungsvorhaben nicht, sondern es wird ja Dritten bereitgestellt für deren weitere Forschung. Möglicherweise werden diese Dritten die Ergebnisse bestätigen, möglicherweise auch widerlegen – diese externe Validierung ist wichtig, sie ist prinzipiell ergebnisoffen, und was in dieser dem Forschungsvorhaben eigentlich nachfolgenden Phase auch geschieht, sollte der zuvor Forschende mit Spannung und Dankbarkeit auf sich zukommen lassen.

3.1 Forschungsarten

Das Qualitätskriterium der Zielgerichtetheit hatte bereits darauf verwiesen, dass es bei Forschung nicht um die Konzeption, sondern um die Untersuchung von etwas geht. Dies gilt es nun zu vertiefen, ebenso muss die Frage geklärt werden, ob die induktive oder die deduktive Vorgehensweise zu wählen ist – und was diese beiden Begriffe hier bedeuten.

Wir unterscheiden zwischen explorativer, konstruktiver und empirischer Forschung.

- Explorative Untersuchungen gehen neuen Problemen auf die Spur, strukturieren die Befunde – sie erkunden also das Untersuchungsgebiet und bereiten also den Boden für weitere Untersuchungen. Damit haben sie eine wichtige Funktion in der Wissenschaft.

- Konstruktive Forschung sucht nach wissenschaftlichen Lösungen für die Bewältigung eines zuvor erkannten und definierten Problems; dies ist für unsere Studierenden eine häufig vorkommende Ausrichtung im Hochschulalltag.

- Empirische Forschung schließlich prüft die Durchführbarkeit oder Anwendbarkeit eines Modells, einer Hypothese oder einer Lösungsannahme, und sie leistet dies mit bewährten und beschriebenen Methoden, oftmals durch die quantitative Nutzung von Daten, mitunter aber auch durch die qualitative Nutzung von Aussagen.

Beispiele:

- Die Ermittlung der CO_2-Bilanz von Lebensmitteln mit Hilfe von Daten des Bundesumweltministeriums ist eine explorative Vorgehensweise (vgl. Hagen 2014).

- Eine Untersuchung von Chancen und Risiken für eine Investition in die Gründung eines Unternehmens für vegane Bildung realisiert konstruktive Forschung.

- Das internationale Forschungvorhaben »Communication Messages and Personal Diet Choices« unseres Instituts befasst sich mit der Frage, wie Medienkommunikation und persönliche Kommunikation bei der Wahl der Ernährungsweise und des entsprechenden Lebensstils zusammenwirken; dies kann nur mit Hilfe von selbst erarbeiteten Hypothesen und deren Verprobung in Form von Befragungen erfolgen, also wird hier empirisch geforscht.

Zu beachten ist, dass empirische Methoden oftmals nicht nur bei explizit empirschen Untersuchungen genutzt werden, sondern auch Bestandteil explorativer und konstruktiver Vorgehensweisen sein können.

3.2 Forschung und Praxis

Wer Wissenschaft betreibt, sucht eine neue Erkenntnis, die ihm bislang fehlt. Somit ist Wissenschaft *eine zielorientierte, aber ergebnisoffene Aktivität.* Man kann nicht vorhersehen, ob das inhaltlich erwartete oder erwünschte Ergebnis tatsächlich erreicht wird.

In hochschulischen Arbeiten wird indes oftmals ein Praxisziel angestrebt, nicht ein Untersuchungsziel. So soll etwa ein Businessplan erstellt oder eine Kampagne entworfen und gestaltet oder gar eine Konzeption erarbeitet werden.

Aber damit wäre nicht eine neue Erkenntnis, sondern eine Art Produkt – etwa eine Handlungsanleitung oder eine Maßnahme – als Ziel definiert.

Insofern sei hier der mancherorts vorzufindenden Praxis widersprochen, eine wissenschaftliche Arbeit müsse zwar nach wissenschaftlichen Qualitätskriterien erstellt werden, brauche selbst aber keinen substantiellen Beitrag zur Forschung zu leisten.

Wissenschaft muss immer ergebnisoffen agieren. Das ist bei vorab definierten Praxiszielen gar nicht möglich, bei denen am Ende ein Konzept oder gar ein funktionierendes Produkt geleistet sein muss, zudem oft gemäß externer Vorgabe.

Ein praktikabler Weg

Den wissenschaftlichen Charakter kann man aber sicherstellen, wenn man sich *nicht die eigentliche Konzeption oder Gestaltung* o. ä. als Ziel setzt. Stattdessen wird man *die wissenschaftliche Prüfung* der für eine solche Konzeption oder Gestaltung gewünschten oder denkbaren Mittel und Rezepturen als Untersuchungsziel festlegen.

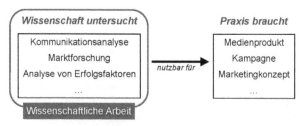

Unterschiedliche Zielsetzungen

Abbildung 5: Zielsetzungen von Wissenschaft und Praxis

(Quelle: eigene Darstellung)

Dies belässt dem Forschenden die *Freiheit der Wissenschaft*: Er kann dann ggf. auch zu dem Ergebnis kommen, dass einige der von den Praktikern vielleicht bevorzugten Mittel und Rezepturen als für den konkreten Anwendungsfall wenig hilfreich zu beurteilen sind.

Eine wissenschaftliche Arbeit wird also nicht immer ein in den Augen der Praktiker »positives« Ergebnis liefern – nämlich das, was sie sich erhofft hatten.

Aus wissenschaftlicher Sicht ist jedes methodisch und qua Vorgehensweise »sauber« zustandegekommene wissenschaftliche Ergebnis stets ein positives Ergebnis, da ein fundierter Erkenntnisgewinn. Und dieses Ergebnis wird auf jeden Fall nützlich sein für die Praktiker; es kann womöglich Schaden für die Praktiker abwenden oder vermeiden helfen.

Insofern wird eine wissenschaftliche Arbeit – sozusagen im Vorfeld – zwar einen wertvollen *Beitrag* für ein Praxisziel leisten, sie kann jenes Praxisziel *nicht aber selbst* realisieren.

Dass das Untersuchungsergebnis für nachgeordnete Praxisziele nutzbar gemacht werden kann, ist dabei nicht ausgeschlossen – die formulierte Zielsetzung einer wissenschaftlichen Arbeit gibt aber eben nicht das resultierende Praxisergebnis als Ziel an, sondern das resultierende Untersuchungsergebnis der Arbeit.

Diese Argumentation erfreut nicht jene, in deren Studiengebieten stets das praktische Ergebnis einer Problemlösung als primär angesehen wird. Doch wäre es nicht vorstellbar, die eigene Wirklichkeitsvorstellung einmal auf das hier vorgetragene, primär wissenschaftlich orientierte Vorgehen umzustellen – und das praktische Ergebnis eher als Addendum, als Anhang oder als mögliches Beispiel einer Umsetzung der wissenschaftlichen Prüfungsergebnisse zu behandeln?

Damit könnten auch all die berufsbegleitend Studierenden vielleicht gut leben, die für ihren Arbeitgeber etwas untersuchen wollen und der eine Praxislösung von ihnen erwartet. Denn wenn die wissenschaftliche Erarbeitung der Chancen und Risiken im Vordergrund steht und wenn somit noch Optionen offen bleiben, wie für die Praxisanwendung nun weiter vorgegangen werden könnte, dann hätte der Arbeitgeber selbst mehr Entscheidungs- und Handlungsspielraum als wenn er ein akribisch fertiggestelltes Konzept oder Produkt oder Umsetzungsmodell gutheißen muss.

Die meisten Arbeitgeber lieben es bekanntlich, selbst auszusuchen und Entscheidungen zu Umsetzungen zu treffen, anstatt fertige Handlungsprozesse zu übernehmen.

3.3   Primäre und sekundäre Forschung

Wenn ein Forschender selbst Daten generiert, also eine empirische Erhebung durchführt, bei der gezählt oder gemessen werden muss und bei der die selbst gesammelten Daten aufbereitet und statistisch ausgewertet werden, spricht man von »Primärforschung«.

Wenn dagegen bereits existierende Daten aufbereitet und statistisch ausgewertet werden, ist von »Sekundärforschung« die Rede.

Beide Vorgehensweisen sind als gleichwertig zu betrachten. Denn es ist ja längst nicht jedem möglich, selbst die benötigten Daten zu erheben.

Beispiele für Sekundärforschung:

Wenn etwa Daten über den Verbrauch an pflanzlichen Nahrungsmitteln in Deutschland im Zeitraum des ersten Quartals im Vorjahr benötigt werden, kann der Forschende sie nicht selbst generieren, sondern muss sie bei den entsprechenden Quellen abrufen.

Ein weiteres Beispiel: um die CO_2-Bilanz von Lebensmitteln zu veranschaulichen, griff der Ökonom Tobias Hagen auf Daten des Bundesumweltministeriums zurück.

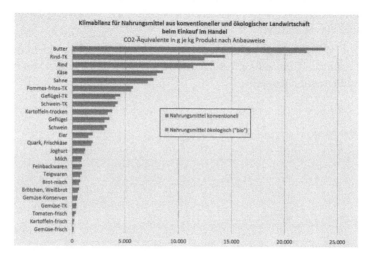

Abbildung 6: Klimabilanz für Nahrungsmittel

(Quelle: Hagen 2014)

Aus seiner Grafik lässt sich ersehen, dass Bio-Nahrungsmittel weniger Klimawirkungen verursachen und dass pflanzliche Nahrung die günstigste Klimabilanz hinterlässt.

3.4 Induktive und deduktive Vorgehensweise

Das Wort Induktion steht hier dafür, dass man bei einer Untersuchung vom Beobachtbaren ausgeht und daraus Schlüsse ziehen will. Unter Beobachtbarem sind dabei nicht nur empirisch oder im Alltagsleben erfassbare Sachverhalte zu verstehen, sondern auch alles, was aus zitierwürdige Quellen in das Forschungsvorhaben eingeht.

Induktives Vorgehen *(Bottom-Up)* ermöglicht, dass man Hypothesen und Theorien entwickeln kann. Danach kann man sie deduktiv *(Top-Down)* empirisch überprüfen. Dazu müssen Hypothesen und Theorien so formuliert sein, dass man sie tatsächlich empirisch prüfen kann (vgl. Popper 1966: 15). Hier kommt die Methode der Falsifizierung zum Einsatz; nicht falsifizierte Bestandteile einer Hypothese oder Theorie werden als »vorläufig bestätigt«, nicht aber als »verifiziert« beurteilt.

Balzert u. a. haben zum induktiven und deduktiven Forschen ein hilfreiches Modell entwickelt, das die Unterschiede und das Zusammenwirken von Induktion und Deduktion darstellt.

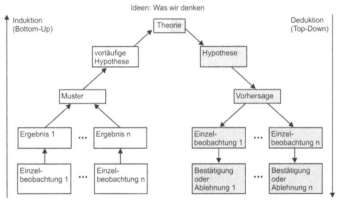

Abbildung 7: Die Forschungsmethoden Induktion und Deduktion
(Quelle: Balzert u. a. 2011: 269)

Dieses Modell ließe sich ggf. sinnvoll durch einen horizontalen Pfeil unterhalb ergänzen, von rechts nach links laufend, um auf die anschließende Möglichkeit der Nutzung eines deduktiv erlangten Forschungsergebnisses (Bestätigungen,

Ablehnungen) für eine erneute oder auch anders angelegte induktive Forschung aufmerksam zu machen.

3.5 Empirisch forschen

Das Wort Empirie *(Erfahrung, Erfahrungswissen)* stammt aus dem Griechischen. Ob Hypothese oder Theorie oder Modell: sie benötigen stets die Verprobung und Bewährung in der Praxis, mit Hilfe von definierten Methoden. Bei empirischen Forschungsvorhaben unterscheidet man zwischen qualitativen und quantitativen Methoden.

Merkmale des qualitativen Vorgehens

Durch hermeneutische, aber auch durch narrative und andere Methoden werden Aussagen, Haltungen und Meinungen erfasst, um deren Bedeutungen nutzbar zu machen.

Dies geschieht in der Regel mit geringen Fallzahlen, denn qualitative Interviews beispielsweise, die aus offenen Fragen und somit aus mitunter weit ausholenden Antworten bestehen, holt man dort ein, wo sie aussagekräftig sind; Häufigkeiten gleicher oder ähnlicher Antworten spielen dabei meist nicht die Hauptrolle.

Es handelt sich um ein ähnliches Vorgehen wie mit der wissenschaftlichen Literatur: Man sucht nach Aussagen, die als Argumente nutzbar werden könnten. In der Regel werden qualitative Erhebungen für induktive Forschungsvorhaben genutzt.

Merkmale des quantitativen Vorgehens

Durch Erhebungen oder Messungen wird nur das erfasst, was zählbar, messbar bzw. sammelbar ist. Denn hier geht es darum, Daten zu generieren, die statistisch auswertbar sind.

In den Sozialwissenschaften ist die Repräsentativität quantitativer Ergebnisse von Bedeutung; daher wird eine Stichprobe in Bezug zu einer Grundgesamtheit definiert und es werden in der Regel deutlich höhere Fallzahlen für die Untersuchung benötigt als bei der qualitativen Vorgehensweise.

Quantitative Interviews oder Befragungen bestehen nicht aus offenen, sondern aus geschlossenen Fragen: Die Befragten können nur standardisierte Angaben machen. In der Regel werden quantitative Erhebungen für deduktive Forschungsvorhaben genutzt.

Sich kundig machen

Ein Literaturtipp an dieser Stelle: Wer empirisch forschen will in den Human- und Sozialwissenschaften, kommt am Grundlagenwerk »Forschungsmethoden und Evaluation«(Bortz und Döring 2009) nicht vorbei. Es zeigt uns die empirische Forschung im Überblick, es führt von der Fragestellung bis zur Untersuchung, quantitative und qualitative Methoden werden erläutert, Hypothesengewinnung und Theoriebildung, unterschiedliche Analyseformate...

Methodenwahl

Felix Riesenhuber (2009) skizziert die Situation der Methodenwahl für die empirische Forschung in einem schlüssigen Modell, das keiner weiteren Erläuterung mehr bedarf. Für unsere Zwecke haben wir die nachstehende Abbildung seines Modells gegenüber dem Original gespiegelt.

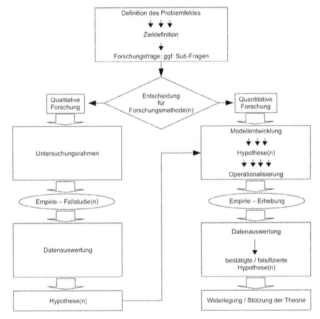

Abbildung 8: Generischer Ablauf eines Forschungsprojekts

(Quelle: Eigene Darstellung in Anlehnung an Riesenhuber 2009: 4)

Betrachtet man nun die beiden Modelle zur quantitativen und qualitativen Methodenwahl (vgl. Abb. 8, Generischer Ablauf eines Forschungsprojekts) sowie zu Induktion und Deduktion (vgl. Abb. 7, Die Forschungsmethoden Induktion und Deduktion), stellt sich die Frage nach ihrem Zusammenhang. Sie lässt sich so beantworten:

- Bei der *induktiven* Vorgehensweise – also der Hypothesen- und Theoriebildung – werden häufig (aber nicht ausschließlich) *qualitative* empirische Methoden zum Einsatz kommen;

- bei der *deduktiven* Vorgehensweise – also der Hypothesen- und Theorieprüfung – werden häufig (aber nicht ausschließlich) *quantitative* empirische Methoden zum Einsatz kommen.

Kombinationsmöglichkeit

Es kann für viele Forschungsvorhaben sinnvoll sein und wird gerade in den Geistes- und Sozialwissenschaften geschätzt, quantitative Erhebungen durch einige qualitative Anteile zu ergänzen. Man spricht dann von einer teilstandardisierten Erhebung.

Der Grund für diese kombinierte Erhebungsform ist, dass man bei einer standardisierten Erhebung immer nur das erfragen kann, was man auf jeden Fall wissen will; davon abweichende oder widersprechende oder ergänzende, also in vielen Fällen sinnvolle Informationen können einer rein quantitativen Untersuchung nicht zugute kommen.

Eine parallele Auswertung der qualitativ erhobenen Angaben eröffnet dagegen möglicherweise neue Sichtweisen, die in weitere Phasen der Forschung einfließen können, und fördert den selbstkritischen Umgang des Forschenden mit der eigenen Vorgehensweise.

3.6 Hypothesen

Wie bereits eingangs dargelegt, gehen Wissenschaftler immer wieder über die Grenzen ihres eigenen Fachgebiets hinaus und forschen dann interdisziplinär.

Dies kann dadurch begründet sein, dass nur eine andere Wissenschaftsdisziplin über die Instrumente verfügt, die für die eigene Fragestellung hilfreich sein können.

Insbesondere werden die empirischen Methoden der Sozialwissenschaft häufig von anderen Disziplinen eingesetzt, um die jeweilige Hypothesen- oder Theoriebildung damit zu untermauern oder eine These zu überprüfen.

Bedingungen

Laut Bortz und Döring müssen diese Kriterien erfüllt sein:

* »*Eine wissenschaftliche Hypothese bezieht sich auf reale Sachverhalte, die empirisch untersuchbar sind.*

* *Eine wissenschaftliche Hypothese ist eine allgemein gültige, über den Einzelfall oder ein singuläres Ereignis hinausgehende Behauptung (,All-Satz').*« (Bortz und Döring 2009: 4).

Differenzierungen

Riesenhuber differenziert – in Anlehnung an Bortz und Döring – zwischen Forschungshypothesen, operationalen Hypothesen und statistischen Hypothesen.

* *Forschungshypothesen* beziehen sich demnach auf Zusammenhänge in der zu untersuchenden Grundgesamtheit, über die durch die Stichprobe Erkenntnisse gewonnen werden sollen. Drei Arten von Hypothesen seien zu unterscheiden: Zusammenhangshypothesen, Unterschiedshypothesen und Veränderungshypothesen. Hier ist nicht eine allgemein gültige, sondern eine konkrete Prüfung zu entwickeln.

* Es folgt gemäß Riesenhuber die Operationalisierung in Form einer *operationalen Hypothese* mit der Festlegung über Art und Weg der Prüfung der Forschungshypothese.

* Schließlich werden *statistische Hypothesen* generiert, die in Nullhypothesen und in Alternativhypothesen unterschieden und durch einen Signifikanztest überprüft werden.

(Vgl. Riesenhuber 2009: 8 f. sowie Bortz und Döring 2009: 492 f.)

Wie also bei komplexeren Forschungsarbeiten die zentrale Forschungsfrage durch Aufteilung in Teilfragen operationalisiert wird, müssen auch Hypothesen passend operationalisiert werden.

Singulär vs. allgemeingültig

Grundsätzlich halten Bortz und Döring daran fest, dass mit einer wissenschaftlichen Hypothese eine *allgemein gültige* Beziehung zwischen mehreren Variablen behauptet werde, die nicht nur für einzelne Untersuchungsfälle oder Ereignisse gelte (vgl. Bortz und Döring 2009: 7).

Balzert u. a. definieren diesen Begriff so: »*Eine Hypothese ist eine Vermutung über den Zusammenhang zwischen mindestens zwei Sachverhalten*« (Balzert u. a. 2011: 270). Ein Netz aus zusammengehörigen, logisch widerspruchsfreien

Aussagen – aus bewährten Hypothesen – bildet dann eine Theorie von weitreichender Erklärungskraft (vgl. Balzert u. a. 2011: 270); auch hier besteht also die implizite Orientierung auf eine Bedeutungskraft über den Einzelfall hinaus.

Versteht man gemäß der ursprünglichen griechischen Bedeutung für *hypothesis* unter diesem Begriff eine Unterstellung, eine noch nicht bewiesene Annahme, ließe er sich mit entsprechenden, belegten Hinweisen auf eine grundsätzlichere Bedeutung auch für singuläre Annahmen verwenden.

Um aber Konflikte mit den gängigen Definitionen zu vermeiden, wonach eine Hypothese grundsätzlich allgemein gültige Variablenbeziehungen bezeichnet, sind zwei hilfreiche Wege möglich:

* Man kann in singulären Fällen (*»Die Umstellung des Online-Vertriebs länger haltbarer veganer Lebensmittel auf das Bestellsystem X führt zu einer Umsatzsteigerung in Höhe von Y«*) mit dem Begriff »Annahme« statt »Hypothese« arbeiten.

* Man kann auf die leitende Forschungsfrage zurückgreifen, die ja ebenfalls einen konditionalen Gehalt (»wenn – dann« bzw. »je – desto«) ihrer enthaltenen Variablen aufweisen soll. Beispiel: *»In welchem Maße ist eine Umsatzsteigerung nach erfolgter Umstellung des Online-Vertriebs länger haltbarer veganer Lebensmittel auf das Bestellsystem X erwartbar?«*

Grundsätzlich muss es aber von der Ausrichtung und Zielsetzung einer Untersuchung her erforderlich und geboten sein, empirisch und mit Hypothesen zu arbeiten. Datenerhebung und Datenauswertung durchzuführen als Nachweis, dass man Kompetenz in der Anwendung von Forschungsmethoden erworben habe (vgl. Karmasin und Ribing 2006: 110), wäre aus Sicht einer auf Forschen ausgerichteten Einführung in das wissenschaftliche Arbeiten hingegen noch kein hinreichender Grund, eine empirische Vorgehensweise zu wählen.

3.7 Bedeutung der Ergebnisse

Wenn die wissenschaftliche Arbeit schließlich fertiggestellt ist, stellt sich oft eine wohltuende Zufriedenheit beim Verfasser ein, denn er hat das Gefühl, einen wichtigen, brauchbaren und guten Beitrag erstellt zu haben.

Die Befriedigung darüber resultiert auch großenteils aus dem Ergebnis, von dem man nun glaubt, dass es eine große Bedeutung habe. Man ist zuversichtlich, etwas Neues und Allgemeingültiges erkannt und seiner Mitwelt übergeben zu haben.

Dazu ist ein Erinnern an das Video zum Fischernetz-Gleichnis von Hans-Peter Dürr empfehlenswert. Dürr relativierte darin die Bedeutung der Erkenntnis, indem er gleichnishaft verdeutlichte, dass alle unsere wissenschaftlichen Erkenntnisse und Ergebnisse allein durch die Wahl unserer Methoden und Instrumente bestimmt sind, folglich keine allgemeingültigen Aussagen daraus resultieren können. (Vgl. Hans-Peter Dürr in Gertler 1997b von 22:30 bis 24:22)

Mindert das den Wert der wissenschaftlichen Arbeit? Nein – denn wer mit diesem Bewusstsein forscht, weiß, dass er in jedem Falle einen aktuellen Beitrag zur Wissenschaft und hoffentlich auch zum Wohl der Mitmenschen leistet.

Ob sich dieser sein Beitrag bewährt und für wen er tatsächlich nutzbringend werden kann, das bleibt abzuwarten und macht das Forschen letztlich wirklich spannend.

In der Regel sind die Ergebnisse einer guten wissenschaftlichen Untersuchung sinnvoll, vor allem wenn sie für ein Praxisproblem erhellend und daher hilfreich ist.

Darauf gilt es sich zu richten, wenn es um eine Themenstellung geht, die man sich selbst setzen kann, wie etwa bei Abschlussarbeiten, aber oftmals auch bereits bei Hausarbeiten. Die gewonnen Ergebnisse sollen dann für etwas nützlich sein.

Gerade Problemstellungen aus den Bereichen der noch jungen Veganwirtschaft liegen auf dem Tisch und sind auch sehr spannend. Denn plötzlich funktionieren einige bisherige sogenannte Grundgesetze der Ökonomie nicht mehr. Sondern es geht um das Vermeiden und Ersetzen von Bestandteilen tierlichen Ursprungs in nahezu allen Wertschöpfungsbereichen, von der Ernährung – in Herstellung, Produktion und Vertrieb – bis hin zur Kleidung, zu Körperpflegemitteln, zu Gegenständen des alltäglichen Bedarfs, zum Reisen...

Darauf richten sich längst auch große Anbieter all dieser Bereiche. Sie benötigen für die Ansprüche ihrer zunehmenden veganen Kundschaft passende Angebote – Forschung wird dazu eingesetzt, um zu diesem Ziel nutzbare Vorgaben zu erfahren, und Entwicklung folgt dann jener Forschung bei der Vorbereitung der Umsetzung.

Insofern tragen immer mehr wissenschaftliche Arbeiten dazu bei, für solche Praxisziele forschend Vorbereitendes beizusteuern.

Daher haben alle noch so kleinen wissenschaftlichen Arbeiten eine besondere Bedeutung, die sich auf diese Herausforderungen einlassen und Ergebnisse liefern, nämlich: neues Wissen schaffen.

Mitunter stellt sich dann aber eine große Enttäuschung ein, wenn die wissenschaftliche Arbeit unerwartet schlecht bewertet wird, und man fragt sich: Wieso kann meine Arbeit wegen Formulierungen, Formaten und unzureichender Wissenschaftlichkeit schlecht bewertet werden?

Unwissenschaftliche Sprache und unzureichender Einsatz wissenschaftlicher Formen und Vorgehensweisen können angesichts der Anforderungen an hochschulische »wissenschaftliche Produkte« – das sind z. B. Hausarbeiten, Referaten, Projektarbeiten, Abschlussarbeiten, eigentlich alle zu prüfenden Einreichungen an Hochschulen – zu einer schlechten Bewertung und selbstverständlich auch zum »Durchfallen« führen, ungeachtet fachinhaltlicher Aspekte.

Das Wesentliche eines wissenschaftlichen Produkts ist das Zustandekommen mit Hilfe der Wissenschaftlichkeit. Daher ist die Einhaltung der wissenschaftlichen Qualitätskriterien und der wissenschaftlichen Methoden unverzichtbar. »Fachpraktische« Zusammentragungen und Erläuterungen allein machen ja noch keine wissenschaftliche (also forschende) Leistung aus – diese wird aber in allen Prüfungsordnungen aller Hochschulen in Deutschland explizit gefordert. Das kann auch gar nicht anders sein, denn schließlich vergeben Hochschulen wissenschaftliche Abschlüsse; ihre Masterabschlüsse müssen zudem zur Promotion befähigen. Ob sie das tun, wird durch die regelmäßigen Akkreditierungen überprüft – es sind also nicht nur die Studierenden, die bewertet werden und den landes- und bundesweiten Anforderungen gerecht werden müssen.

Diese Anforderungen gelten für Universitäten und Fachhochschulen gleichermaßen, denn ihre Abschlüsse sind (im Gegensatz zu früheren Diplomen etc.) gleichgestellt und alle Studienangebote werden in Deutschland auch gemäß identischen Kriterien geprüft und akkreditiert. Das ist nicht in allen Ländern Europas der Fall.

Fachinhaltliche Arbeiten sind notwendiger Bestandteil des Studiums. Sie können an Hochschulen jedoch nur bestehen, wenn sie gemäß den Anforderungen an wissenschaftliche Arbeitsformen und gemäß den wissenschaftlichen Qualitätskriterien verfasst worden sind.

3.8 Aufgabenblatt zu diesem Kapitel

Unterstützen Sie durch diese Aufgaben gezielt Ihr Selbststudium!

1. Wenden Sie die eingangs vorgestellte Skizze von Forschungsprozessen auf ein Vorhaben Ihrer Wahl an. Benennen Sie die Problemstellung, bestimmen Sie ein Forschungsziel und entwerfen Sie eine vorläufige Forschungsfrage.

2. Im Anschluss daran recherchieren Sie passende Forschungsmethoden – etwa durch Recherche nach ähnlich gelagerten und publizierten Untersuchungen. Entscheiden Sie sich und begründen Sie ihre Wahl.

3. Kategorisieren Sie die Forschungsart gemäß 3.1.

4. Kategorisieren Sie Ihre Vorgehensweise: induktiv oder deduktiv?

5. Wenn Sie einen empirischen Forschungsanteil vorhaben: qualitativ, quantitativ oder beide? Warum?

6. Formulieren Sie Hypothesen bzw. Annahmen, die aufgrund Ihres momentanen Wissensstandes bei Ihrem Vorhaben sinnvoll wären, und nutzen Sie dazu die Hinweise in 3.6.

7. Planen Sie nun gemäß der eingangs vorgestellten Skizze von Forschungsprozessen Ihr Vorgehen unter der Perspektive: Wie viel Zeit steht mir voraussichtlich zur Verfügung – und wie viel Zeit werde ich mindestens für jeden der vorgesehenen Schritte benötigen, wie viel Zeit benötige ich also insgesamt?

Beispielhafte Kalkulationshilfe:

Je nachdem, ob bei Ihrem Studium 25 oder 30 Zeitstunden pro CP (ECTS) veranschlagt werden, hätten Sie voraussichtlich bei einer Hausarbeit ca. 77 oder 102 Stunden verfügbar; bei einer Bachelor-Abschlussarbeit wären es ca. 250 oder 300 Stunden.

4 Grundelemente

Problemstellung, Zielsetzung und Forschungsfrage werden benötigt, um überhaupt ein Ergebnis des Forschens erreichen zu können – ansonsten entsteht keine wissenschaftliche Arbeit.

Auch muss man vertraut sein mit Begriffen wie Hypothesen, Kriterien und Merkmalen.

Vor allem muss die Themenformulierung stimmig sein!

4.1   Thema

Ein wissenschaftliches »Produkt« (Hausarbeiten, Projektarbeiten, Abschlussarbeiten etc.) erkennt man bereits an einem passenden Titel. Er muss in wenigen, klaren Worten verständlich werden lassen, welche Problemstellung angegangen wird.

Unpassend sind vollständige Sätze und Frage- oder Ausrufezeichen (dies gilt ebenfalls für alle Überschriften innerhalb der Arbeit).

Die Benennung konkreter Firmen oder Fälle ist zu vermeiden, weil ansonsten im Falle unerwarteter Veränderungen aufseiten jener Beteiligten eine Änderung des angemeldeten Themas notwendig werden könnte, welche aber nicht bei jeder Hochschule jederzeit noch möglich ist.

Der Titel benennt in knappester Form die wesentlichen Eckpunkte des Vorhabens. Die enthaltenen Schlüsselwörter (am besten nur drei – der besseren Merkbarkeit wegen) müssen selbstverständlich auch in der Gliederung der Arbeit, also in den Überschriften wiederzufinden sein.

Aus dem Titel lassen sich bereits die notwendigen Abhängigkeiten bzw. Bezüge der Schlüsselwörter erkennen, die in der das Thema konkretisierenden Forschungsfrage definiert sind.

Beispiele klarer, daher guter Formulierungen:

- Businessplanfaktoren für einen veganen Onlineshop
- Chancen und Risiken einer Kampagne gegen die umweltgefährdende Nutztierhaltung
- Besonderheiten einer Kommunikationsstrategie zur Erschließung der Omnivoren in der Generation 55plus

Beispiele zu komplexer, daher unklarer Formulierungen:

- Untersuchung von Ansätzen für die Erfassung von Unternehmens- und Markenidentitäten zur Realisierung eines Markenbildes für eine neue vegane Handelskette
- Wertorientierte Ansätze zur Identifikation und Messung sowie Darstellung von Kundenwert im Spiegel der Bewertung immateriellen Vermögens
- Schaffung neuer Erlebniswelten in der Musik – Anwendung semantischer Technologien auf komplexe Datenstrukturen am Beispiel von Audiodateien

Beispiele nichtssagender, daher unbrauchbarer Formulierungen:

- Veganes im Netz
- Vegan kann alles – aber wer kann schon vegan leben?
- Schöne neue Welt des Veganismus

An den beiden als negativ bezeichneten Beispielbereichen wird hoffentlich deutlich: Wir brauchen knappe und klare Themenformulierungen, unter denen sich jeder sogleich etwas vorstellen kann und die auch einlösbar sind.

Am Ende des Weges wird eine jede Arbeit nicht nur daran gemessen, ob dort eine Problemstellung identifiziert wurde, eine klare Zielsetzung definiert sowie eine umsetzbare – operationalisierbare – Forschungsfrage formuliert wurde, sondern ob auch das Thema der Arbeit eingelöst wurde! Auf dem Deckblatt steht der Titel – und der muss umgesetzt worden sein, anderenfalls ist alle Mühe umsonst gewesen.

4.2   Problemstellung

Beide Begriffe müssen bearbeitet sein, um überhaupt forschen zu können. Nachstehend sollen jeweils fünf Beispiele verdeutlichen, wie man mit diesen Begriffen umgehen könnte.

Problemstellungen sind meist noch allgemeiner Art, wenngleich sie bereits an einem konkreten Problem orientiert entstanden sind.

Beispiele:

1. Bio-veganer Anbau von Obst und Gemüse soll ohne Düngung mit tierlichen Bestandteilen und ohne chemische Behandlung erfolgen – dies ist aber im konkreten Fall eines Standortes X nicht Jahr für Jahr möglich.

2. Bio-vegan Angebautes wird voraussichtlich am Hof X in größerer Menge als im Umkreis benötigt verfügbar sein – es muss eine Überproduktion verhindert werden, um eine Pleite des Unternehmens zu vermeiden.

3. Die Trocken-Vorprodukte zur Realisierung von veganem Geschnetzeltem der Marke X bestehen aus getrocknetem, extrudiertem Soja – Soja-Produkte werden von manchen Menschen aber zunehmend nicht vertragen bzw. aufgrund des in manchen Medien verrufenen Images zunehmend weniger akzeptiert, daher geht der Absatz zurück.

4. Ein veganes Restaurant soll errichtet werden; vegane Restaurants in dieser Stadt erleiden aber stets nach einiger Zeit existenzbedrohliche Nachfragerückgänge.

5. Es gibt bisher kein veganes Altersheim im Umkreis von über 200 Kilometern, die Nachfrage steigt jedoch.

4.3   Zielsetzung

Zielsetzungen sind konkreter ausgerichtet als die zuvor erkannten Problemstellungen und sie berücksichtigen mehr Details, beispielsweise örtliche und zeitliche Gegebenheiten.

Beispiele:

1. Herausfinden, von welchen Sorten Obst und Gemüse bio-veganer Anbau am Standort X realisiert werden könnte.

2. Herausfinden, welche zusätzlichen Distributionsmöglichkeiten für einen wie großen Teil der Ernte des Hofes X möglich und rentabel sein könnten.

3. Herausfinden, welche alternativen rein pflanzlichen Bestandteile zu vergleichbaren Trocken-Vorprodukten mit gleichem Nutzen verarbeitet werden könnten.

4. Herausfinden, welche Zielgruppen nachhaltiger mit welchen veganen Angeboten eines Restaurants umgehen würden.

5. Herausfinden, welche Kriterien ein veganes Altersheim erfüllen müsste und welche derzeitigen Betreiber eine entsprechende Einrichtung errichten würden.

In der Zusammenschau von Problemstellung und Zielsetzung wird deutlich, dass sie aufeinander aufbauen und durch die Fokussierung der Zielsetzung den Weg zum Entwurf noch konkreterer Forschungsfragen eröffnen.

Bis jetzt wurde also nur festgelegt – aus eigener Wahrnehmung oder auch von einem möglichen Auftraggeber –, welches Defizit besteht und warum es mit welcher Zielsetzung behoben werden können sollte.

Bevor wir im nächsten Schritt daran gehen, die zugehörigen Forschungsfragen zu entwickeln, wäre es jetzt sinnvoll, zu jedem der fünf Beispiele denkbare Suchfragen zu formulieren. Man muss also auf jeden Fall erst einmal noch weiter recherchieren, um von der Zielsetzung zur Forschungsfrage zu gelangen.

4.4 Forschungsfrage

Unerlässlicher Bestandteil einer wissenschaftlichen Arbeit ist die Formulierung der zentralen Forschungsfrage. Wer sein »Thema« bloß »beleuchtet«, schreibt womöglich ein Essay, aber noch nicht eine wissenschaftliche Arbeit. Dort stellt man vielmehr eine Forschungsfrage auf – und zwar in Fragesatz-Form. Dies führt zu Analyseschritten, Argumentationen und zum Einsatz definierter Methoden.

Ohne Forschungsfrage wird kein Forschungsziel erreicht werden können. Und so ist es nicht verwunderlich, dass kein Peer-reviewed-Journal heutzutage einen Beitrag ohne eine qualifizierte »Key Research Question« akzeptieren wird. Die Forschungsfrage muss sich von der Einleitung aus, wo sie gut begründet und nachvollziehbar zu formulieren ist, wie ein »Roter Faden« latent durch den Text der Arbeit ziehen – und sie muss im letzten Kapitel der Arbeit, dem Fazit bzw. der abschließenden Diskussion, erneut genannt und explizit beantwortet werden.

Entwicklung einer Forschungsfrage

Die Forschungsfrage steht noch nicht gleich zu Beginn eines wissenschaftlichen Erkenntnisprozesses fest, sondern wird erst nach anfänglichen Literatur- und Datenstudien entwickelt oder präzisiert. Ohne Recherchen dieser Art kann eine Forschungsfrage noch nicht aufgestellt werden.

Sie kann bei umfangreicheren Arbeiten ggf. in Teilfragen differenziert werden. Im Laufe des Forschungsprozesses wird sie dann weiter präzisiert – und am Ende der Arbeit schlussfolgernd beantwortet.

Mit der Forschungsfrage bzw. mit den Forschungsteilfragen gekoppelt ist die Beschreibung der Vorgehensweise darzulegen. Dies alles geschieht im einleitenden Kapitel einer wissenschaftlichen Arbeit, das am besten nicht mit »Einleitung«, sondern klarer mit »Problemstellung, Zielsetzung und Forschungsfrage« überschrieben wird.

Richtig fragen

Wie kann man seine Forschungsfrage nun so eingrenzen, dass sie innerhalb des gegebenen Zeitrahmens und Umfangs der Arbeit schlüssig beantwortet werden kann? Forschungsfragen wie *»Lohnt die Implementierung eines Online-Shops für unsere veganen Produkte?«* sind untauglich, das solche Fragen nur mit Ja oder Nein beantwortet werden könnten und keine erkennbare Forschungsrichtung angeben.

Eine Forschungsfrage kann also nicht eine ergebnisoffene Frage sein, weil man dann keinen Weg vorzeichnen würde, sondern sie bringt *Bedingungen* zwischen Variablen zum Ausdruck. Dies erkennt man an Formulierungen wie z. B.: »Unter welchen Bedingungen...«, »Wie muss ... beschaffen sein, um ...«, »In welcher Hinsicht und in welchem Maße...«, etc.

Eine Forschungsfrage operationalisiert den für die Zielsetzung notwendigen Weg. Aus ihr kann man nachvollziehbar entnehmen, welchen Weg die Untersuchung nehmen wird und nehmen muss.

Zurückgreifen auf zuvor Untersuchtes

Nur vorläufig könnten wir nun Forschungsfragen entwerfen, denn ihnen vorausgehend müsste auf jeden Fall erst einmal die vorhandene wissenschaftliche und berufsfachliche Literatur gesichtet werden. Möglicherweise fänden sich dort bereits Antworten auf die konkrete Problemstellung und Zielsetzung – dann wäre erst einmal gar keine Untersuchung notwendig. Oder aber es fänden sich Hinweise und Ergebnisse, die nun für die Formulierung der Forschungsfrage und damit für die Abarbeitung des »Roten Fadens« verwendet werden müssten.

Umsetzung anhand von Beispielen

Zuvor hatten wir bereits fünf unterschiedliche Problemstellungen zusammengetragen und dazu passende Zielsetzungen formuliert. Unter Auslassung der eigentlich erst einmal notwendigen Literaturrecherche und -sichtung sollen nun erste Forschungsfragen dazu formuliert werden:

Beispiele:

1. In welchem Umfang, mit welchen Sorten und in welchem Rhythmus kann bio-veganer Anbau von Obst und Gemüse am Standort X durchgeführt werden?

2. In welchem Maße können welche Teile der Ernte des Hofes X über welche Distributionswege rentabel angeboten werden?

3. Welche rein pflanzlichen und kontinuierlich verfügbaren Bestandteile außer Soja können gemäß den Standards der Marke X und mit gleichem Nutzen in welchem Umfang und mit welcher Rentabilität zu vergleichbaren Trocken-Vorprodukten verarbeitet werden?

4. In welchem Maße würden welche Zielgruppen in der Stadt X nachhaltig mit einem veganen Buffet-Angebot, einem definierten Mehrgänge-Menü bzw. einem A-la-Carte-Angebot umgehen?

5. Welche relevanten Kriterien müsste ein veganes Altersheim am Standort X erfüllen?

Die hier entworfenen Forschungsfragen sind noch nicht durch Recherchen in Forschungsliteratur geschärft. Deutlich möge aber werden, dass nur auf wissenschaftliche Bestandsliteratur, auf Voruntersuchungen und auf mit wissenschaftlichen Methoden Untersuchbares gerichtete Elemente der jeweiligen Zielsetzung in Forschungsfragen vorkommen sollen – daher die Weglassung der in der Zielsetzung zum. 5. Beispiel genannten potentiellen Betreiber eines

Altenheims, wofür ja nicht eine wissenschaftliche Untersuchung erforderlich wäre, sondern lediglich eine Recherche, nach abgeschlossener Untersuchung.

Auch und vor allem aus Negativbeispielen lernen wir. Erst wenn unsere Wirklichkeitsvorstellungen nicht funktionieren, wachen wir auf, kratzen uns am Kopf und sagen: »Oh, da muss ich doch noch einmal genauer hinsehen...« - so unsere Alltagserfahrung.

Daher sollten wir nun auch Negativbeispiele behandeln. Zu jedem Beispiel gibt es einen Hinweis, warum es sich hier um ein Negativbeispiel handeln muss.

Beispiele:

1. Wie kann bio-veganer Anbau von Obst und Gemüse am Standort X durchgeführt werden?

2. Können die Ernteergebnisse des Hofes X rentabel angeboten werden?

3. Welche rein pflanzlichen Bestandteile können zu vergleichbaren Trocken-Vorprodukten verarbeitet werden?

4. Was hat die besten Chancen: ein Buffet-Angebot, ein Mehrgänge-Menü oder ein A-la-Carte-Angebot?

5. Wie müsste ein veganes Altersheim am Standort X aussehen?

Kritik dazu:

1. Naheliegende Antwort: Na, auf hunderttausend verschiedene Weisen, vielleicht... Also: keine fokussierte, operationalisierbare Frage.

2. Dazu gibt es nur zwei Antworten: Ja oder Nein.

3. Spontane Antwort: Gaaaanz viele...! – Auch dies ist wieder keine auf einen konkreten Untersuchungsgegenstand fokussierte Frage.

4. Antwort: Je nachdem...! Zu offen, zu vage, nicht untersuchbar.

5. Freche Antwort: auf jeden Fall grün angestrichen!

Es wird also deutlich, dass Forschungsfragen mit Sorgfalt entwickelt werden müssen, und zwar abgeleitet von der Zielsetzung des Untersuchungsvorhabens.

4.5 Weitere Instrumente

Der Einsatz von *Hypothesen* erfordert, dass eine Allgemeingültigkeit der Ergebnisse erwartet werden kann, ansonsten sollte besser von *Annahmen* die Rede sein, wie in Kap. 3.6 dargelegt.

Auf zwei Publikationen sei an dieser Stelle hingewiesen:

* Die Entwicklung von Hypothesen und deren Überprüfung sowie die Erhebung und Auswertung qualitativer und quantitativer Daten werden in dem Standardwerk »Forschungsmethoden und Evaluation für Human- und Sozialwissenschaftler« behandelt (vgl. Bortz und Döring 2009). Wer empirisch forschen will, sollte die eigene Vorgehensweise und Methodenwahl an diesen Grundlegungen orientieren.

* In knapper Form hatte Riesenhuber 2009 die Hypothesenbildung in den Grundlagen der großzahligen empirischen Forschung beschrieben. Auch dies kann für den angehenden Empiriker eine wertvolle Quelle sein.

Laut Bortz und Döring sollen Hypothesen so formuliert werden:

* *»Einer wissenschaftlichen Hypothese muss zumindest implizit die Formalstruktur eines sinnvollen Konditionalsatzes (‚Wenn-dann-Satz' bzw. ‚Je-desto-Satz') zugrunde liegen.*

* *Der Konditionalsatz muss potentiell falsifizierbar sein, d. h. es müssen Ereignisse denkbar sein, die dem Konditionalsatz widersprechen.«* (Bortz und Döring 2009: 4).

Bei der Entwicklung von Hypothesen ist darauf zu achten, die unabhängige Variable dem Wenn-Teil zuzuordnen und die abhängige Variable dem Dann-Teil.

* *Beispiel: Wenn jemand Produkte mit tierlichen Bestandteilen kauft, zahlt er für das Leid und den Mord an Tieren.*

Ein Je-desto-Satz wird formuliert, wenn Variablen quantitativ angelegt sind.

* *Beispiel: Je breiter die Produktpalette eines veganen Online-Shops, desto geringer die Abwanderung der Stammkunden.*

Kriterien, Merkmale und *Ausprägungen* sind weitere wichtige Begriffe bei wissenschaftlichen Untersuchungen.

* Kriterien sollen hier verstanden werden als zur Unterscheidung oder Auswahl dienend, dabei aber nicht synonym mit Merkmalen (vgl. Duden 2013a);

- Merkmale werden verstanden als unterscheidende Zeichen oder Eigenschaften, an denen Personen, Gruppen, Sachen oder Zustände erkennbar werden (vgl. Duden 2013b).
- Ausprägungen werden als Konkretisierungen des Vorkommens der Merkmale verstanden.

Beispiele:

1. Sollen bei Personen die Veränderungen ihres Körpergewichts seit Umstieg auf vegane Ernährung als ein *Kriterium* für Veränderungen durch vegane Ernährung eine Rolle spielen, ist ihr Körpergewicht das dafür notwendige *Merkmal* und die genauen kg-Angaben sind die *Ausprägungen* dazu. Hier spricht man von quantitativen Merkmalen.

2. Soll als *Kriterium* einer veganen Mahlzeit gelten, dass keinerlei Bestandteile tierlicher Herkunft enthalten sind, wird man sich vor Einnahme der Mahlzeit vergewissern, dass die erkennbaren oder auch messbaren *Merkmale* der Bestandteile sämtlich auf rein pflanzliche Herkunft schließen lassen. In solchen Fällen spricht man von qualitativen oder kategorialen Merkmalen, die *Ausprägungen* werden hier nämlich kategorialer Art sein: Frucht, Gemüse, Getreide etc.

   Besteht jedoch Anlass, den vorhandenen Anteil tierlicher Bestandteile zu ermitteln, werden quantitative Merkmale zum Einsatz kommen, etwa das Gewicht, das Volumen oder der Prozentsatz der tierlichen Bestandteile.

3. Auch bei Untersuchungen, die nicht empirisch angelegt sind und bei denen keine statistische Datenaufbereitung erfolgt, ist die Verwendung dieser Begriffe sinnvoll. Bei einer Forschungsfrage wie »In welcher Hinsicht und in welchem Maße kann die Supplementierung von Vitamin B12 bei der Person X zu einer Gesundheitsverbesserung beitragen?« wird man herausgefordert, dem Zielkriterium »Gesundheitsverbesserung« nachvollziehbare Merkmale zuzuordnen und ihre Ausprägungen zu erläutern und zu begründen. Ferner werden für die Fragebestandteile »In welcher Hinsicht und in welchem Maße« ebenfalls Kriterien angelegt werden müssen, und sogar die »Supplementierung« dürfte mit einem quantitativen Merkmal zu belegen sein.

Die Übernahme der Begriffe »Kriterium«, »Merkmal« und »Ausprägung« in unseren persönlichen Werkzeugkasten für das wissenschaftliche Arbeiten kann uns also helfen, mit den inhaltlichen Bestandteilen eines Sachverhalts geordnet umzugehen und die untereinander bestehenden Bezüge aufzugreifen. Gleiches gilt auch für den Begriff *Variable*, der in der Statistik zur Übernahme von Merkmalen verwendet wird (vgl. zum Zusammenhang der Begriffe Merkmal und Variable Hennecke u. a. 2001).

4.6   Aufgabenblatt zu diesem Kapitel

Unterstützen Sie durch diese Aufgaben gezielt Ihr Selbststudium!

1. Wenden Sie die eingangs vorgestellten Vorschläge zur eindeutigen und verständlichen Themenformulierung auf ein Vorhaben Ihrer Wahl an. Achten Sie dabei auf Schlüsselbegriffe, die Bestandteil der Gliederung, der Problemstellung, des Forschungsziels und der Forschungsfrage werden.

2. Im Anschluss daran bestimmen Sie aufgrund Ihres momentanen Wissensstandes – gemäß den Beispielen der Lektion – eine Problemstellung, eine Zielsetzung und eine vorläufige Forschungsfrage.

3. Formulieren Sie Hypothesen bzw. Annahmen, die aufgrund Ihres momentanen Wissensstandes bei Ihrem Vorhaben sinnvoll wären, und nutzen Sie dazu die Hinweise in 4.5.

4. Prüfen Sie abschließend die vorherigen Maßnahmen zu diesem Kapitel auf Schlüssigkeit und Konsistenz. Wenn möglich, tragen Sie Ihre Notizen jemandem vor, der bisher nicht mit Ihrer Untersuchungsidee befasst war, und bitten ihn um Rückmeldung.

5 Quellen

Für wissenschaftliche Arbeiten gelten andere Anforderungen als für Praxisaufträge im beruflichen Alltag. Wissenschaftliches Arbeiten kann nur dann wissenschaftlich sein, wenn man sich auf zitierwürdige Quellen stützt und sie auch in der richtigen Form referenziert.

In diesem Kapitel sollen zu den häufigsten Fragen zum Umgang mit Quellen Antworten und Hinweise gegeben werden.

Wissenschaftliche Texte unterscheiden sich von anderen Textgattungen durch die unabdingbare Anforderung, dass alle externen Aussagen nachvollziehbar und überprüfbar belegt werden müssen. Sowohl die wörtliche als auch die sinngemäße Übernahme fremder Gedanken müssen durch eindeutige Quellenangaben kenntlich gemacht werden. Fehlen diese Verweise, macht man sich unausweichlich des Plagiats schuldig.

Wozu braucht man eigentlich Quellenangaben? Sie dienen dazu, dass andere die genaue Stelle eines fremden Textes, den man für seine Argumentation benötigt, eindeutig dort wiederfinden können, wo man ihn auch selbst gefunden hatte. Dazu braucht man die bibliographischen Angaben des Originalwerkes sowie die genauen Seitenzahlen.

Für die Gestaltung solcher Quellenangaben gibt es unterschiedliche Konventionen und Stile, sei es die komplette bibliographische Angabe oder sei es der Kurzbeleg, ob in einer Fußnote festgehalten oder im Text.

Die üblichen Formen sind das amerikanische APA- und das Harvard-System, die beide mit Kurzbelegen arbeiten. Im laufenden Text – also nicht in einer Fußnote – werden vor Beginn oder direkt am Ende eines wörtlichen oder nichtwörtlichen Zitats die Bestandteile Autorenname, Erscheinungsjahr und Seitenzahl in Klammern angegeben.

Die Angabe für indirekte, also mit eigenen Worten zusammengefasste Zitate wird mit »vgl.« (= vergleiche) eingeleitet. Werden mehrere Veröffentlichungen desselben Autors aus dem selben Jahr verwendet, werden sie ergänzend zur Jahresangabe durch »a«, »b«, »c« usw. unterschieden.

Die vollständigen bibliographischen Angaben erscheinen nur im Quellenverzeichnis.

5.1 Suchen und finden

Drei Arten wissenschaftlicher Literatur lassen sich identifizieren: Primärquellen im Sinne von wissenschaftlichem Originalschrifttum, Sekundärquellen wie Bibliographien oder Bibliothekskataloge, und Tertiärquellen wie Wörterbücher, Handbücher oder Lehrbücher (vgl. Brink 2005: 49).

Es könnte hilfreich sein, Literatur auf diese Weise zu inventarisieren: Zuerst wird die Aktualität geprüft, dann der Autor des Textes bzgl. weiterer Fachleistungen, danach wird die disziplinäre Perspektive des Textes bestimmt und geklärt, welche Fragestellung ihm zugrunde liegt, und abschließend wird eingeordnet, zu welcher Kategorie der Text zu zählen ist – Dissertation oder Zeitschriftenartikel oder Monographie o. a. (vgl. Frank u. a. 2007: 33 f.).

In sogenannten Online-Datenbanken findet man vor allem aktuelle wissenschaftliche Literatur, insbes. in Form von Zeitschriftenartikeln. Zur Recherche in solchen Online-Datenbanken gibt man Autorennamen, vollständige Buchtitel, Titelstichworte oder Schlagwörter ein; wenn ein Begriff im Singular eingegeben wird, werden meist Versionen im Plural nicht ausgegeben (vgl. Bünting u. a. 2008: 59).

Bei der Internet-Recherche wählt man entweder die Pattern-Methode oder die semantische Methode. Bei der Pattern-Methode gibt man ein Schlagwort ein; je allgemeiner, desto mehr Treffer werden angezeigt. Bei der semantischen Methode werden durch mehrere Begriffe inhaltliche Zusammenhänge geschaffen; damit wird eine Recherche erfolgreicher ausfallen. (Vgl. Bünting u. a. 2008: 60)

5.2 Exzerpieren

Es ist bei der Sichtung von Literatur sinnvoll und hilfreich, sich selbst bereits Auszüge vorzubereiten – ob man sie danach nun verwenden wird oder nicht.

Dabei könnte man so vorgehen:

*   Im Kopfteil notiert man Angaben zum Exzerpierdatum, die bibliographischen Daten des Textes, den Standort und eine summarische Zusammenfassung des Textes.

*   Der Hauptteil gibt die Fragestellung des Textes, Paraphrasen (stets im Konjunktiv abfassen), evtl. wörtliche Zitate, die Literaturhinweise und eigene Ideen, Kommentare sowie Querweise wieder.

*   Im Fußteil haben Informationen über die Wichtigkeit des Gelesenen, den Ort und die Art der Weiterverarbeitung ihren Platz.

(Vgl. Bünting u. a. 2008: 34 f.)

Exzerpte können auch im Literaturverwaltungsprogramm Ihrer Wahl – Empfehlung: Zotero – hinterlegt werden.

5.3 Zitierformen

Zu unterscheiden ist die Zitierform für wörtliche / direkte Zitate von der Vorgabe für nichtwörtliche / indirekte bzw. sinngemäße Zitate.

Das *direkte* Zitat ist die wortwörtliche Übernahme einer Textpassage. Solche Zitate müssen buchstäblich genau sein, auch Fehler des Originals müssen übernommen werden. Eventuelle Auslassungen gegenüber dem Original werden durch eckige Klammern gekennzeichnet »[...]«. Eigene Zusätze im Zitat werden ebenfalls in eckige Klammern gefasst.

Wörtliche Zitate sollten aber nur äußerst selten verwendet werden; eine wissenschaftliche Arbeit ist halt kein Poesie-Album. Nur wenn man etwas selbst zusammengefasst nicht besser oder passender zitieren kann, das jemand irgendwo publiziert hat, greift man zum wörtlichen Zitat – also etwa bei Definitionen oder prominenten Aussagen (von Einstein etc.).

In allen anderen Fällen fasst man den Quellentext sinngemäß in indirekter Rede – also im Konjunktiv – zusammen, natürlich ohne inhaltlich Relevantes wegzulassen.

Kurze Zitate werden durch Anführungszeichen erkennbar in den eigenen Text eingefügt. Längere wörtliche Zitate – also länger als drei Zeilen – können durch Einrückung optisch hervorgehoben werden. Direkt im Anschluss an jedes Zitat erfolgt die Quellenangabe in Form des Kurzbelegs.

Die grundsätzlich eher seltenen wörtlichen Zitate werden im Text also an den Anführungszeichen erkennbar und erhalten eine direkte Referenzierung.

Beispiel:

»Viele Menschen, sogar die meisten, denken, dass im Konfliktfall die Interessen von uns Menschen schwerer wiegen als die von Tieren. Und zwar so viel schwerer, dass gegenüber Tieren fast alles erlaubt scheint.« (Sezgin 2014)

Übernimmt man nur ein kurzes wörtliches Zitat, kann es auch im eigenen Text eingebaut erscheinen.

> *Beispiel:*
>
> Hilal Sezgin unterstreicht, dass den Menschen ihre eigenen Interessen so viel wichtiger sind als die der Tiere, »dass gegenüber Tieren fast alles erlaubt scheint.« (Sezgin 2014)

In indirekter Rede sähe das Zitat ggf. so aus:

> *Beispiel:*
>
> Laut Sezgin denken die meisten Menschen, dass ihre eigenen Interessen Priorität hätten vor denen der Tiere, sodass ihnen gegenüber quasi alle Vorgehensweisen erlaubt seien (vgl. Sezgin 2014).

Wenn statt In-Text-Referenzierungen mit Fußnoten gearbeitet wird, gilt derselbe Unterschied: Im Falle von wörtlichen Zitaten verweist die Fußnote direkt auf die Quelle, im Falle von nichtwörtlichen Zitaten beginnt sie mit »Vgl.« vor dem Quellenverweis.

Langzitierweisen mit detaillierten Angaben zur Quelle sind nicht mehr zu verwenden – die oben dargestellte Kurzzitierweise ist inzwischen in Fußnoten bzw. im Text üblich.

5.4   Internetquellen

Das gilt auch für Internetquellen. URL-Angaben gehören nicht in die Fußnoten oder in die Belege im Text, sondern werden mit aussagekräftigen Angaben versehen wie Printquellen referenziert. Gedruckte und Online-Quellen werden inzwischen gemeinsam im »Quellenverzeichnis« erfasst.

Im Text der wissenschaftlichen Arbeit sehen Kurzbelege dann so aus:

> *a) ...in Fußnoten:*
>
> 1   Vgl. Gertler 2011b, S. 18
>
> 2   Vgl. Gertler 2011a

Da eine URL-Quelle keine Seitenzahlen kennt (außer: PDF), braucht hier keine Seitenzahl in der Fußnote angegeben zu werden.

Wenn Sie In-Text-Kurzbelege statt Fußnoten setzen, stehen die Kurzbelege in Klammern, und zwar vor dem abschließenden Punkt und unter Kleinschreibung des Vgl.-Verweises, wie in diesem Hinweis realisiert: (vgl. Gertler 2011b: 18).

Warum erscheint in Fußnoten meist wie hier »..., S. 18«, bei In-Text-Referenzierung aber »...: 18«? Die Fußnoten folgen der Ausgabeform von APA, dort wird im Deutschen », S.« der Zeitenzahl vorangestellt; In-Text-Referenzierungen folgen in Wirtschafts- und anderen Studiengängen oft Harvard, dort weist im Kurzbeleg nur ein Doppelpunkt auf die nachfolgende Seitenzahl hin.

---

b) ...im Quellenverzeichnis:

Gertler, M. (2011a): Journalistische Wirklichkeitsangebote. Verfügbar unter: http://hcri.de/archives/196 [Abruf am 22. Oktober 2014].

Gertler, M. (2011b): Zwischen Ökonomie und Ethik: Zur Qualität in Theorie und Praxis des Journalismus. München: GRIN Verlag GmbH.

Beim Blick ins Quellenverzeichnis wird deutlich, welche Quelle in gedruckter Form vorliegt und welche aus dem Internet stammt. Tatsächlich behandeln wir also beide Quellen gleichförmig – schließlich unterscheiden wir ja auch im Textteil der Arbeit nicht, ob die jeweilige Quelle gedruckt oder online vorliegt.

5.5 Falsche Quellen

Immer wieder werden Statistiken benötigt für die Argumentation. Dabei ist es wichtig zu beachten, dass der Lieferant solcher Statistiken, z. B. Statista, selbst mitunter gar nicht Autor und Quelle der Daten ist, auf die wir referenzieren.

Darauf verweist Statista sogar selbst in seinen Tipps (vgl. Statista 2013). Statista leistet in der Regel lediglich den Dienst, Daten Dritter zu nutzbaren Tabellen / Grafiken aufzubereiten. Daher gilt diese Zitierweise - Beispiel entnommen der Tipp-Seite bei Statista:

Institut für Demoskopie Allensbach (2013); Allensbacher Computer- und Technik-Analyse - ACTA 2013; 2009 bis 2013, zitiert nach de.statista.com, URL

http://de.statista.com/statistik/daten/studie/168741/umfrage/interesse-der-bevoelkerung-an-fitness/ , Abruf am 16.12.2013, 16.39 Uhr

Zitat im Fließtext der Arbeit: (Institut für Demoskopie Allensbach, 2006).

Daraus folgt, dass Angaben im Quellenverzeichnis sowie in Fußnoten oder In-Text-Referenzierungen einer Arbeit nicht mit der Autoren-Nennung »Statista« beginnen dürfen, außer wenn es sich um die Publikation einer Statistik handelt, deren Verfasser Statista selbst ist.

Analog gilt Dasselbe für Referenzierungen zu Facebook-Profilen, -Gruppen oder -Seiten, und natürlich zu jedem bei YouTube oder Vimeo etc. hinterlegten Video. Alle diese Plattformen sind ja nicht selbst die Autoren der jeweiligen Medienprodukte, sondern dienen lediglich zur Verbreitung von Content, den andere verantworten.

Nur wo der Plattformbetreiber selbst »spricht«, ist er der »Sprechende« und als solcher zu zitieren.

5.6 Zitierfähig und zitierwürdig

Als »*zitierfähig*« gelten Quellen, die überprüfbar sind, da sie regulär publiziert wurden und infolgedessen in Bibliotheken oder online verfügbar sind. Die Einsichtsmöglichkeit etwa von Abschlussarbeiten in einer örtlichen Hochschulbibliothek ersetzt keine Publikation, solche Arbeiten sind nicht per Fernleihe bestellbar. Somit ist keine Verfügbarkeit für jedermann gegeben. Eine strikte Einhaltung der »Zitierfähigkeit« ist für das Erreichen des wissenschaftlichen Qualitätskriteriums der Überprüfbarkeit unabdingbar.

Quellen, die genutzt werden sollen, müssen also auf jeden Fall veröffentlicht sein – dann sind sie als *zitierfähig* einzustufen. Wenn dies nicht der Fall ist, etwa bei eigens durchgeführten Interviews oder Informationen durch Dritte, müssen diese Quellen im Anhang der Arbeit dokumentiert und somit im Rahmen der Arbeit selbst veröffentlicht und zitierfähig gemacht werden.

Dies bedeutet übrigens auch, dass Haus- und Abschlussarbeiten, die möglicherweise in der hochschuleigenen Bibliothek einsehbar sind, nicht zitierfähig sind, denn sie sind nicht publiziert und somit Dritten nicht zugänglich. Dem wissenschaftlichen Qualitätskriterium der »Überprüfbarkeit« genügt nämlich die Tatsache, dass eine Arbeit beispielsweise in der Bibliothek einer einzigen Hochschule »öffentlich zugänglich« ist, nicht. Denn nicht veröffentlichte (!) Abschlussarbeiten sind nicht über die automatisierte Fernleihe erreichbar.

»Veröffentlicht« bedeutet hingegen, dass ein Werk über eine lokale Einrichtung hinaus verfügbar ist - im Buchhandel, in diversen Bibliotheken sowie über Fernleihe erreichbar oder online abrufbar. Dies wäre im Falle jener Diplomarbeit erst dann gegeben, wenn sie von einem entsprechenden Verlag veröffentlicht worden wäre.

Wer also Inhalte aus einer (lediglich örtlich zugänglichen) Diplomarbeit zitiert und als Quelle nutzt, bekommt vom Prüfer unausweichlich angestrichen, dass dies eine nicht zitierfähige Quelle ist, da nicht veröffentlicht - auch wenn sie zitierwürdig sein mag.

Alle Quellen müssen überprüfbar und kontrollierbar sein, genutzte Zitate müssen mit dem Original vergleichbar sein.

Als »*zitierwürdig*« gelten i. d. R. nur wissenschaftliche Quellen sowie von Organisationen und Unternehmen über sie selbst betreffende Sachverhalte publizierte Informationen – nicht aber journalistische bzw. der Unterhaltung dienende Produkte.

Publikumszeitschriften und sonstige nichtwissenschaftliche Literatur gelten grundsätzlich als nicht zitierwürdig, sie sind für eine wissenschaftliche Argumentation nicht nutzbar. Journalistische Produkte und Unterhaltungsprodukte sind von Natur aus keine wissenschaftlichen Produkte.

Zu den nichtwissenschaftlichen Quellen zählt auch die Online-Enzyklopädie Wikipedia, da dort keine wissenschaftliche Verantwortung gewährleistet ist.

Es gibt diese Ausnahmen:

- Nichtwissenschaftliche Literatur kann in beschränktem Umfang im »Entdeckungszusammenhang« (Einleitung mit Problemstellung, Zielsetzung und Forschungsfrage, etc.) referenziert werden, ggf. auch punktuell im Hauptteil zur bloßen Darstellung von publizierten Meinungen / Informationen, nicht aber für die eigentliche Argumentation in der Arbeit.

- Nichtwissenschaftliche Literatur kann genutzt und referenziert werden, wenn (nur) dort die unbearbeitete Aussage eines Wissenschaftlers publiziert wurde (z. B. per Interview oder in Form eines Beitrag unter seinem eigenen Namen).

- Nichtwissenschaftliche Literatur ist selbstverständlich dann zu nutzen und zu referenzieren, wenn sie selbst Untersuchungsgegenstand ist.

- Beruflich / fachlich relevante Publikationen von Organisationen und Verbänden (insbes. Statistiken, Jahresberichte, Stellungnahmen) können und müssen – bei entsprechender Zielsetzung der Untersuchung – genutzt und zitiert werden.

5.7 Kein »o.V.«

Eine Website ohne Verfasser ist nicht zitierwürdig, und zwar vor allem deswegen nicht, weil wissenschaftliche und berufsfachliche Quellen immer Angaben zum Verfasser oder Herausgeber haben.

Wenn Sie keinen Verfasser erkennen können – beispielsweise bei der Seite https://business.pinterest.com/de/pinterest-analytics – dann werden Sie natürlich den Herausgeber nennen, der üblicherweise im Impressum steht.

Pinterest publiziert in deutscher Sprache, gibt dort auch ein Impressum an. Da es sich hier um ein publizierendes Unternehmen handelt, wird als Verfasser der Unternehmensname Pinterest eingetragen.

Die Angabe »o. V.« (für »ohne Verfasser«) gibt es also faktisch niemals. Wenn wirklich kein Verfasser oder Herausgeber ausfindig zu machen ist, wird es sich mit großer Sicherheit eh nicht um eine zitierwürdige Quelle handeln.

5.8 Plagiate vermeiden

Es ist unbedingt notwendig, die Bezüge zu jeder fremden Quelle in den eigenen Textinhalten deutlich zu machen. Denn Passagen mit kenntnisreichen Inhalten, die aber wohl kaum vom Verfasser dieser wissenschaftlichen Arbeit selbst stammen könnten, führen sogleich zum Plagiatsverdacht.

Daher empfiehlt es sich, zu Beginn der zu referenzierenden Passage einleitend ähnlich diesem Beispiel zu formulieren und anschließend weiter zu schreiben: »*In seinem Werk ABC argumentiert der XYZ-Wissenschaftler Max Mustermann zu dieser Frage wie folgt: Es gebe schon deswegen keine fliegenden Kühe, weil ... Auch widerspreche es den Naturgesetzen, die ... Zudem seien auch neuere Untersuchungen zu dem Schluss gekommen, dass ... Vielmehr verhalte es sich seines Erachtens und gemäß den Gesetzen der Logik so, dass ... Weiterhin fasst Mustermann zusammen, dass ... Mustermann bestreitet vehement die Möglichkeit ... Im Übrigen sei es eine Frage der Methodik...*«

Die abschließende Fußnote wird gemäß APA-modifiziert angelegt: »Vgl. Mustermann 2011, S. 87.« – oder es wird in Klammern gemäß Harvard im Text referenziert: »(vgl. Mustermann 2011: 87)« – je nach gewählter Zitierweise.

Macht man den fremden Inhalt aufgrund der eindeutigen Texte in indirekter Rede kenntlich, können Referenzierungen zu einer Quelle ggf. auch über mehrere Absätze gültig und nachvollziehbar sein.

Man sollte also anfangs deutlich machen, dass ab jetzt fremde Inhalte wiedergegeben bzw. zusammengefasst werden – und abschließend mit dem konkreten Quellenverweis deutlich machen, dass dies nun endet.

Wichtig ist, alle fremden Inhalte kenntlich zu machen und die Quellen anzugeben: bei Texten, Abbildungen und Fotos, und vor allem auch bei jeglichen fremden Gedankengängen.

Grafiken und Tabellen können direkt oder indirekt übernommen werden (vgl. Karmasin und Ribing 2006: 103). Bei direkter Übernahme werden Form und Inhalt der Abbildung ohne Änderung übernommen, etwa durch Einscannen und Einfügen. Quellenangaben stehen dabei unter der Abbildung gemäß dem Muster aller Kurzbelege: Nachname, Jahreszahl, Seitennummer.

Wenn Abbildungen modifiziert wurden, lauten die Quellenangaben: Abbildung in Anlehnung an Nachname, Jahreszahl, Seitennummer oder Quelle.

5.9 Abbildung und Tabellen

Welche Angaben gehören unter eine Abbildung oder eine Tabelle?

Schritt 1: für eine aussagekräftige Beschriftung sorgen! Fügen Sie die Abbildung oder Tabelle in Ihr Word-Dokument ein. Durch Rechtsklick auf das aktivierte Element können Sie dann u. a. wählen: »Beschriftung einfügen...« Tragen Sie dort nun eine knappe, nachvollziehbare Beschreibung ein, wie man es auch bei Überschriften tut. Beispiel: »Umsatzentwicklung 2004 bis 2014«. Dieser Titel erscheint danach automatisch im zugehörigen Verzeichnis (für Abbildungen oder Tabellen), unter Beibehaltung der automatischen Durchnummerierung (»Abbildung 3« bzw. »Tabelle 3«).

Schritt 2: für die exakte Quellenangabe sorgen! Den Quellenverweis setzen Sie nicht in den Beschreibungstext der Abbildung ein, sondern unterhalb der Abbildung in die erstfolgende Textzeile, und verweisen Sie von dort aus in Form des Kurzbelegs auf die Quelle. Beispiel: »Quelle: Müller 2014: 38«. Wenn diese Textzeile zu weit von der Beschriftung entfernt ist, können Sie in der Formatierungspalette den »Absatzabstand (pt)« passend verringern.

Diese Quelle muss natürlich formgerecht im Quellenverzeichnis gelistet sein, sofern es sich um eine externe Quelle handelt. Arbeiten Sie mit einem Literaturverwaltungsprogramm wie Zotero, ist dies sichergestellt.

Handelt es sich bei Ihrer Einfügung hingegen um eine komplette Eigendarstellung, schreiben Sie in jener Textzeile unterhalb der Abbildung: »Quelle: Eigene

Darstellung«; logischerweise erfolgt dazu dann kein Eintrag im Quellenverzeichnis, das bekanntlich *nur Publiziertes* enthalten darf.

Haben Sie aber eine eigene Tabelle angefertigt, die Teile einer bereits irgendwo veröffentlichten Darstellung wiedergibt, lautet die Angabe: »Quelle: Eigene Darstellung in Anlehnung an XYZ«, in Form des Kurzbelegs.

Quellenangaben und Kurzbelege gehören nicht in die Abbildungs- und Tabellenverzeichnisse – deshalb ist das Anlegen einer separaten Zeile unterhalb der Beschriftung notwendig.

5.10   Valides Vorgehen

Richtiges Zitieren erfordert viel Aufmerksamkeit und Gründlichkeit. Das Risiko ist groß, durch Ungenauigkeiten und Lücken die Wissenschaftlichkeit der eigenen Arbeit nicht einzuhalten. Daher folgen nun weitere Hinweise zu ständig vorkommenden kleinen und größeren Einzelfragen.

Sind innerhalb eines Satzes zwei unterschiedliche Quellen referenzierbar?

Dies ist einfach zu lösen. Sie verweisen am Ende des Satzes in einer Fußnote bzw. in einer In-Text-Referenzierung auf beide Quellen.

Im Verlauf des Satzes machen Sie auf jeden Fall deutlich, welcher Inhalt von wem stammt: »Meier kam 2011 zu dem Ergebnis, dass ... – Müller stellte dies jedoch bereits 2012 infrage durch sein Untersuchungsergbnis, wonach...«.

So sieht die Referenzierung für dieses Beispiel aus: »Vgl. Meier 2011: 38 und Müller 2012: 56 f.«

Informationen aus dem Intranet zitierbar?

Wenn Sie Informationen z. B. über die Unternehmensstrukturen für Ihre wissenschaftliche Arbeit nur aus dem Intranet des Unternehmens beziehen konnten, gehen Sie so vor:

- Sie sichern sich durch »als PDF drucken« oder durch einen Screenshot einen Beleg, den Sie im Anhang der Arbeit vorhalten.

- Sie referenzieren in der Fußnote dann etwa so: »Vgl. Angabe ABC, am [Datum] aus dem Intranet des Unternehmens abgerufen, einsehbar im Anhang unter XYZ«.

Auf diese Weise haben Sie dafür gesorgt, dass die nicht publizierte Quelle überprüfbar geworden ist.

Mündlich erhaltene Informationen verwendbar?

Solche Fragen kommen immer wieder auf: »Was gebe ich in meiner Arbeit in der Fußnote und im Quellenverzeichnis an, wenn mir eine Definition von einer Person eines Unternehmens mündlich gesagt wurde und ich habe diese aufgeschrieben? Diese Definition verwende ich nur, da es in der Literatur dazu noch keine Definition gibt und meine Thesis mit dieser Definition des Unternehmens ‚arbeitet'.«

Die Antwort ist klar: Wenn mündliche Informationen zur Verwendung kommen sollen, finden sie zwar keinen Platz im Quellenverzeichnis, da sie ja nirgendwo überprüfbar vorliegen. Selbstverständlich muss aber eine Referenzierung in der Fußnote bzw. der In-Text-Referenzierung erfolgen, etwa so: »Persönliche Mitteilung von Manfred Mustermann v. 12.03.2015« oder »Antwort von Manfred Mustermann im Interview v. 12.03.2015«.

Im Quellenverzeichnis Publikationen mit ISSN-Nummern angeben?

ISSN sind die Standardnummern für fortlaufend publizierte Sammelwerke, die zur Identifizierung von Schriftenreihen und Zeitschriften dienen.

Da wir nur noch ein einziges Quellenverzeichnis führen und nicht trennen zwischen gedruckten und Online-Quellen, orientiert sich die Zitierweise – unter Weglassung der ISSN, wie wir ja auch die ISBN nicht im Verzeichnis aufführen – ganz normal an den Standards.

Das Grundmuster sieht so aus:

Autornachname / A. [für Autorvorname] (Jahreszahl): Beitragstitel - ggf. Beitragsuntertitel. In: Reihentitel bzw. offizielle Zeitschriftenabkürzung (ggf. Ausgabennummer), S. 123 - 321.

Da alle ISSN-erfassten Reihen anhand der Angaben zu Reihentitel bzw. Abkürzung sofort identifizierbar sind, ist die Überprüfbarkeit gegeben. Beispiel:

Gertler, M. (1999): Von der Wirklichkeit überholt. Zur Praxis der Gottesdienstübertragungen im Fernsehen. In: FunkKorrespondenz 47(1999)17, S. 3 - 7.

Die Zahlenfolge »47(1999)17« besagt: Es handelt sich um die 47. Ausgabe des Jahres 1999, in dem der 17. Jahrgang erschien.

Buch mit Quellenverzeichnis, aber ohne Zitathinweise – eine verwendbare Quelle?

Wenn Leser eines Textes nicht klar unterscheiden können, wo der Autor des »zitatfreien« Buches selbst argumentiert und wo er Texte, Inhalte oder auch nur Gedanken von anderen verwendet, können Sie das Buch keinesfalls als

Quelle verwenden – zumal er ja keine Seitenzahlen zu den vermuteten Fremd-quellen im Text bereithält. So etwas wäre nämlich schon wegen der Nicht-kenntlichmachung als Plagiat einzustufen. Auch bei Werken aus anderen Län-dern gilt dies – denn das Gebot der Kenntlichmachung gilt international.

Erschwerend kommt die für Sie selbst notwendige Unterscheidbarkeit von Primärliteratur und Sekundärliteratur hinzu: Das ominöse Werk führt dem-nach zwar Quellen an und arbeitet inhaltlich vermutlich mit ihnen, macht sie aber nicht kenntlich – daher wäre nicht zu unterscheiden, ob Sie das Gedan-kengut Dritter (Sekundärquellen) oder das des Buchautors (Primärquelle) auf-greifen würden, wenn Sie mit diesem Buch als Quelle arbeiten würden. Und bekanntlich arbeiten wir prinzipiell nur mit Primärquellen.

Der Autor jenes Buches hat durch das Weglassen von Fußnoten bzw. Referen-zierungen im Text sein »Werk« durchgängig nicht überprüfbar gemacht – und allein schon dadurch entspricht es nicht den internationalen Qualitätskri-terien wissenschaftlichen Arbeitens. Fazit: Keinesfalls als Quelle nutzbar, kei-nesfalls zitierwürdig!

Direktes Zitat innerhalb eines indirekten Zitats doppelt referenzieren?

Wenn es sich um einen eindeutigen Textabsatz in Ihrer Arbeit handelt, der schon zu Beginn erkennbar macht, wo das nichtwörtliche Zitat beginnt (Bei-spiel: »XY argumentiert, dass es keinesfalls...«), und wenn Ihr Textabsatz mit der zugehörigen Referenzierung in der Fußnote endet (Beispiel: »Vgl. XY 2009: 48«), und wenn das in Ihrem Textabsatz enthaltene wörtliche Zitat (z. B. eine kurze, prägnante Formulierung von XY) ebenfalls auf S. 48 wiederzu-finden ist – und zwar dort innerhalb der von Ihnen nichtwörtlich zitierten Originalpassage –, dann reicht es aus, den Absatz mit einer Referenzierung gemäß dem Fußnotenbeispiel »Vgl. XY 2009: 48« zu beenden.

Ist die Sachlage jedoch nicht so eindeutig, dann müssen Sie das wörtliche Zitat mit separater Fußnote (und dort ohne den Zusatz »Vgl.«) zusätzlich referen-zieren.

Zitieren von Unternehmenswebseiten

Üblicherweise geben wir bei jedem Zitat den Verfasser, den Autor an. Wenn aber eine Unternehmenswebsite zu referenzieren ist, weiß man meist nicht, wer den online publizierten Text verfasst hat. Also stellt sich die Frage, ob man das Unternehmen als Herausgeber statt als Autor behandeln sollte, und ob »Hrsg.« auch im Kurztitel hinter dem Unternehmensnamen stehen müsste.

Jede Website bzw. Webseite muss nach Autor (falls ausgewiesen) bzw. nach Herausgeber (falls ausgewiesen; anderenfalls Impressum verwenden) zitiert werden und so auch im Quellenverzeichnis einsortiert werden: Autor / Hrsg., Publikationsjahr, Webseiten-Titel. Daher trägt man den Herausgeber der Website ein, falls auf der jeweiligen Einzelseite kein anderer Verfasser namentlich ausgewiesen ist.

Dürfen Lehrbücher generell nicht zitiert werden? Gibt es Ausnahmen?

Ein Lehrbuch, Handbuch bzw. Kompendium ist in der Regel nicht zitierbar. Solche Werke zählen nämlich im Normalfall zur Gattung Sekundärliteratur: Es werden dort lediglich bzw. überwiegend Lehrmeinungen bzw. Ergebnisse anderer Wissenschaftler zusammengetragen und wiedergegeben. Bei wissenschaftlichen Arbeiten ist man aber gehalten, nur Primärliteratur zu verwenden!

Ausnahmen gibt es natürlich schon:

*   Wenn in einem Lehrbuch der Herausgeber des Lehrbuches seine eigene Lehrmeinung bzw. Forschungsergebnisse darstellt, die vorher nirgendwo anders veröffentlicht wurden, dann darf man diese Passagen zitieren – damit handelt es sich um zumindest an jenen Stellen um Primärliteratur.

    Zur Umsetzungsweise: Ich nehme einmal an, dass der Lehrbuchautor ggf. zwei verschiedene Modelle Dritter vorstellt und deren Einsatzmöglichkeiten darlegt. Die Studierenden müssen das Modell, das sie verwenden wollen, vom Modell-Autor beziehend darstellen und auf diese Primärliteratur referenzieren; gern können sie aber ergänzend schreiben und diskutieren, dass in Lehrbuch XYZ dieses Modell so und so bewertet und im Kontext mit zu benennenden anderen Modellen so und so für einsetzbar beschrieben wird. In diesem Fall verweisen sie dann auf diese Lehrbuchpassage.

*   Wenn ein Handbuch (Beispiel: »Handbuch Medienethik« von Schicha / Brosda) faktisch ein »Sammelwerk« – zu erkennen an »(Hrsg.)« – ist, in dem unterschiedliche Fachautoren aus ihren Forschungsbereichen, in denen sie auch sonst wissenschaftlich publizieren, Wesentliches oder Perspektivisches in ihren Beiträgen darlegen, können diese Beiträge wie die anderer Sammelwerke auch genutzt und zitiert werden.

5.11 Aufgabenblatt zu diesem Kapitel

Unterstützen Sie durch diese Aufgaben gezielt Ihr Selbststudium!

1. Recherchieren Sie eigenständig Standards zur Gestaltung von Quellenangaben, wie APA oder Harvard. Machen Sie sich kundig: Welchem Standard folgt meine eigene Hochschule oder der Verlag bzw. die Publikationsreihe, für die ich einen Beitrag vorbereiten will?

2. Sobald Ihre Literaturrecherche begonnen hat, achten Sie streng auf die Notwendigkeit, stets – nach Möglichkeit – Primärquellen zu verwenden.

3. Exzerpieren Sie für sich selbst ein Arbeitsdateien die Informationen mitsamt genauen Ortsangaben, die Sie voraussichtlich für Ihre Untersuchung verwenden werden.

4. Bei Bereitstellung von Informationen in Plattformen wie Statista, YouTube, Facebook etc. achten Sie darauf, den genauen Verfasser anzugeben.

5. Machen Sie sich die notwendige Unterscheidung zwischen „zitierfähig" und „zitierwürdig" zu eigen.

6. Internetquellen sind formal wie Printquellen zu behandeln – setzen Sie also keine quellenbezogenen URL-Angaben im Text der Arbeit.

7. Vermeiden Sie Plagiate, indem Sie beim Schreiben stets präzise erkennbar machen, wo genau der fremde Text beginnt und wo er endet.

8. Achten Sie auch bei Abbildungen und Tabellen auf die notwendigen Quellenangaben und vermeiden Sie auf die beschriebene Weise, dass diese Quellenangaben im Beschreibungstext der Abbildung oder Tabelle erscheinen.

6 Literaturverwaltung

Schon bei den ersten Vorbereitungen einer wissenschaftlichen Arbeit steht ja die Suche nach und die Auseinandersetzung mit vorhandener Literatur an. Nichts wäre so ungelungen wie eine bloße Umschau, ohne dabei genauer zu erfassen und festzuhalten, welche Quelle einem wo begegnet ist und warum sie womöglich wichtig sein könnte für das Vorhaben.

Es spricht also eine Menge dafür, einen großen Kasten mit Karteikarten anzuschaffen, um dort alle Informationen so abzulegen, dass man sie schnell finden und nutzen kann – ob bei dieser oder auch erst bei der übernächsten wissenschaftlichen Arbeit.

Nun, ein Karteikartenkasten im wörtlichen Sinne ist damit natürlich nicht gemeint. Früher war das das Instrument der Wahl für diese Zwecke. Schnell finden und schnell nutzen konnte man seine abgelegten Informationen gemäß der damals üblichen Schnelligkeit – heute geht nichts mehr ohne Computer.

6.1 Datenerzeugung

Literaturverwaltung im Computer geht ähnlich wie mit dem Karteikasten – oder aber viel komfortabler.

Karteikarten ausfüllen muss man händisch – in Word funktioniert das genauso, die Software bietet in der Toolbox mit »Zitate« die Möglichkeit an, Quellen zu erfassen, zu verwalten und für das Quellenverzeichnis zu nutzen.

Das Karteikasten-Modell bietet MS Word in dieser Weise an: Man legt pro Quelle durch Eintragen der notwendigen Angaben einen Datensatz an, der anschließend gemäß gewähltem Ausgabeformat als Kurzbeleg – also im Text direkt beim eingebrachten Zitat – sowie im Quellenverzeichnis verwendet wird.

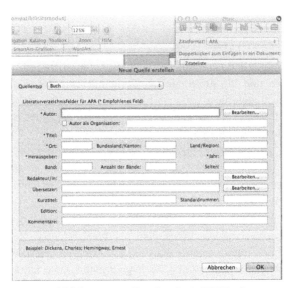

Abbildung 9: Quelleneingabe in MS Word

(Quelle: eigener Screenshot)

Abbildung 10: Quellenarten in MS Word

(Quelle: eigener Screenshot)

Hier kann man also auswählen, um welche Art von Quelle es sich handelt – um ein Buch, einen Buchabschnitt, einen Artikel, eine Website oder was auch immer.

Anschließend gilt es, zumindest die mit einem Sternchen versehenen Angaben einzutragen. So lassen sich Quellendaten im Schreibprogramm selbst erfassen und speichern.

So könnte man sich beispielsweise eine Word-Datei mit Quellen-Exzerpten anlegen und diese später in der eigentlichen Arbeit nutzen.

Natürlich könnte man dieses Erfassen von Daten in den »Karteikarten« von MS Word auch erst beim Schreiben der Arbeit selbst vornehmen. An jedem Zitatende öffnet man die Toolbox über das Toolbox-Symbol in der Standard-Menüleiste und klickt auf das zweite Symbol von links. Pro Eintrag klickt man auf das Pluszeichen unten links in der Toolbox, darauf erscheint eine Eingabemaske mit den nötigen Feldern für die Quelle.

Wird die selbe Quelle noch an einer anderen Stelle im Text verwendet, klickt man in der Toolbox zweimal auf den Eintrag, um ihn an der Cursorposition einzufügen. Am Schluss erstellt man das Quellenverzeichnis: Unter dem Menüpunkt »Einfügen« wählt man »Dokumentenelemente« und dort »Literaturverzeichnis«.

Auch OpenOffice bietet unter »Extras« den Punkt »Literaturdatenbank« an, die man ebenfalls händisch pflegen muss.

Soweit sind also die heutigen elektronischen Varianten des guten alten Karteikastens für jeden verfügbar.

Wer Dinge gern selbst zusammensetzt und sich eher nicht auf Automatisiertes verlassen mag, wird hiermit womöglich gern arbeiten wollen und seine Freude daran finden. Auch eine selbstgestrickte Mütze ist schließlich etwas selbst Hergestelltes – somit haben diese Dinge ihren Charme.

Dennoch muss man nüchtern sehen: von Hand Gemachtes dieser Art birgt Fehler, denn wenn wir selbst in dem Buch oder Sammelband oder Zeitschriftenartikel nach den notwendigen Angaben suchen müssen, um sie anschließend nicht mit Copy & Paste, sondern aus dem Kurzzeitgedächtnis – eben gelesen, schon eingetippt – einzugeben, braucht das eine Menge Zeit und verursacht Schreibfehler.

6.2 Gemeinsame Daten

Wenn es vielleicht doch nicht die von Hand geschriebene elektronische Kartei-karte sein soll, dann warten längst bewährte andere Wege auf uns, nämlich Datensammlungen von gedruckten und elektronischen Publikationen sowie die zugehörigen Datenformate, die einen schnellen Austausch und eine schnelle Übernahme aller benötigten Angaben zu unseren Quellen ermöglichen. Für Austausch und Übernahme wurden eigens spezielle Dateiformate entwickelt

Einige dieser Datensammlungen können von Usern selbst »gefüttert« und genutzt werden, andere werden von Universitätsbibliotheken bereitgestellt und gepflegt, und schließlich gibt es auch welche, die aus unterschiedlichen Biblio-theken mit Daten versorgt werden.

Ein gut nutzbares Beispiel für einen solchen Dienst ist das kostenlose BibSo-nomy. Auch ohne als Nutzer registriert und eingeloggt zu sein, kann man darin alle Einträge von Quellen abrufen, die dazu von den Eintragenden jeweils freigegeben worden sind. Suchmöglichkeiten nach Namen, Orten oder Stich-worten erleichtern das Finden.

Die Suche nach »Martin Gertler« plus dem Tag »vegan« führte zu einem Ergebnis. Angenomen, jemand will aus diesem E-Book zitieren, muss er nun nicht händisch die benötigten Angaben in seine elektronische Karteikarte übernehen, sondern kann sich ein Ausgabeformat wählen, in dem er die Daten ausgegeben haben möchte, um sie bei sich selbst zu speichern und in einem Literaturverwaltungsprogramm zu nutzen.

Abbildung 11: Suchen in BibSonomy

(Quelle: Screenshot von BibSonomy 2014d)

Dazu muss das Ausgabeformat passend gewählt werden. Alle Formate werden von Bibsonomy genau beschrieben; im Grunde genommen muss man selbst nur schauen, welche Formate das selbst verwendete Literaturverwaltungsprogramm zum Importieren »verstehen« kann.

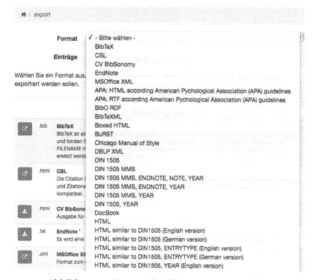

Abbildung 12: Format in BibSonomy auswählen

(Quelle: Screenshot von BibSonomy 2014a)

Für die händische Weiterverarbeitung im elektronischen »Karteikasten« kann man sich einfach das Suchergebnis als HTML-Seite anzeigen lassen:

Jan Scholten, und Martin Gertler. **Veganes per Facebook kaufen. Social Commerce in einem Nischenmarkt.** In Martin Gertler (Hrsg.), Schriftenreihe zur veganen Kommunikationsforschung, (1)BookRix, München, Juli 2014. [BibSonomy: Facebook-Commerce Humanismus Kommunikationsforschung Nischenmarkt Social-Commerce Vegan Veganismus myown] URL

Abbildung 13: HTML-Ausgabe einer Quelle in BibSonomy

(Quelle: Screenshot von BibSonomy 2014b)

Die in diesem HTML-Ausgabeformat enthaltenen Angaben sind für den Eintrag im elektronischen »Karteikasten« erforderlich. In diesem Falle sind es: Verfasser, Buchtitel, Reihenangabe mit Herausgeber, Band, Verlagsname, Verlagsort.

Wer sich bei BibSonomy – betrieben übrigens vom FG Wissensverarbeitung der Universität Kassel, der DMIR Gruppe der Universität Würzburg und vom Forschungszentrum L3S – einen kostenlosen Account einrichtet, kann dort auch eigene Publikationen anlegen, die vielleicht noch nicht enthalten sind, sodass sie schneller als auf den üblichen Wegen online abrufbar und ihre Stammdaten für jedermann nutzbar sind.

Für die Browser Chrome und Firefox werden von BibSonomy eigene Add-ons vorgehalten, die eingeloggten Nutzern die Arbeit erleichtern sollen.

Abbildung 14: Browser-Addons von BibSonomy

(Quelle: Screenshot von BibSonomy 2014c)

Mit diesen Addons lassen sich die eigene Datenverwaltung aufrufen, Lesezeichen setzen und eine im Browser angezeigte Publikation in BibSonomy übernehmen.

BibSonomy ist also ein praktischer Helfer bei der Suche nach Daten zur Literatur, die im eigenen Quellenverzeichnis aufgeführt werden soll – und ist auch hilfreich, um eigene Publikationen ab Veröffentlichungstag bereits für alle erfassbar zu machen, denen sie nutzbar werden könnten.

Die von BibSonomy vorgehaltenen Ausgabeformate decken dabei eben nicht nur unseren legendären »elektronischen Karteikasten« ab, sondern können vor allem für den Importbedarf in einem Literaturverwaltungsprogramms genutzt werden. Es lassen sich sogar Publikationslisten ausgeben, die in Websites einbaubar sind, wie zum Beispiel die vollständige Publikationsliste des Verfassers dieses Buchs.

6.3 Hochschulische Daten

Ein Blick auf die Bestände der Universitäten ist immer lohnend, denn sie haben oft Werke in ihren Datensammlungen oder können auf mit ihnen verbundene

Bibliotheken verlinken, die bei BibSonomy und anderswo nicht gefunden werden. Umgekehrt kann es einem allerdings auch ergehen – wer etwa bei der Universitätsbibliothek Köln in der Suche eingibt: »Martin Gertler vegan«, findet nicht zu dem E-Book, wie es bei BibSonomy der Fall war:

Abbildung 15: Negatives Suchergebnis bei der UB Köln

(Quelle: Screenshot des Suchergebnisses bei Uni Köln 2014b)

Sucht man hingegen nach Daten einer Printausgabe, ist die Chance groß, dass sie bei solchen Universitätsbibliotheken direkt zu finden sind:

Abbildung 16: Positives Suchergebnis bei der UB Köln

(Quelle: Screenshot des Suchergebnisses von Uni Köln 2014c)

In diese Falle wird hier auch die Titelseite des Buchs abgebildet, sodass man schnell kontrollieren kann, ob der richtige Datensatz zum auf dem Tisch liegenden Buch gefunden wurde.

Über das kleine Icon, das zur »Merkliste« führt, lässt sich diese persönliche Merkliste nun mit den Daten dieses Buches ergänzen und anschließend aufrufen:

Abbildung 17: Merkliste bei der UB Köln

(Quelle: Screenshot der Merkliste von Uni Köln 2014a)

Die Exportformate sind hier weniger variabel als bei BibSonomy; für die meisten Übernahmezwecke in Literaturverwaltungsprogramme dürften aber die benötigten Datenformen angeboten werden.

Deutlich ist jedenfalls, dass man hier insbesondere Daten von Printwerken findet. Auch werden Sie feststellen, dass Besonderheiten mitunter in verlinkten auswärtigen Bibliotheken geführt werden, sodass die Literaturdaten seltener Exemplare möglicherweise zumindest von dort angeboten werden können.

An dieser Stelle sei darauf hingewiesen, dass für den Fall, dass man auf diese Weise ein Buch sucht, welches man noch nicht auf dem Tisch liegen hat, das System der Fernleihe helfen kann. Wie das funktioniert und was Ihnen damit ermöglicht werden kann, erfahren Sie bei Ihrer Hochschulbibliothek.

6.4   Weltweite Daten

Als dritter und letzter Weg zu den Daten Ihrer Literatur sei Ihnen nun noch OCLC WorldCat vorgestellt, der sich als weltgrößter Bibliothekskatalog darstellt, über den man Online-Zugriff auf alle Bibliotheksbestände habe.

Da stellt sich die Frage, ob das E-Book von Jan Scholten und Martin Gertler denn möglicherweise hier zu finden ist:

Abbildung 18: Negatives Suchergebnis bei WorldCat

(Quelle: Screenshot des Suchergebnisses bei OCLC WorldCat 2014c)

Das gesuchte Buch ist also auch hier nicht zu finden, stattdessen wird auf einen Datenbankartikel verwiesen, der aber nicht das beabsichtigte Suchergebnis wiedergibt. Das angezeigte Ergebnis kann darauf beruhen, dass die gesuchten Wörter im Text des referenzierten Kapitels vorkommen.

Bei der Suche nach »artgerecht ist nur die freiheit« gibt WorldCat praktischerweise – im Unterschied zur Universitätsbibliothek Köln – nicht alle Einzelvorkommen untereinander aus, sondern gruppiert sie in Ordnern.

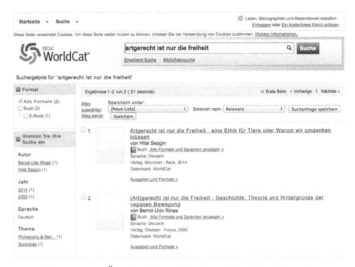

Abbildung 19: Übersicht der gefundenen Werke bei WorldCat

(Quelle: Screenshot der Ergebnisübersicht von OCLC WorldCat 2014a)

In diesem Fall sind zwei Ordner sichtbar geworden und man weiß dadurch schnell, dass es vor vielen Jahren ein Buch ähnlichen Namens gegeben hat und welches nun das gesuchte Werk ist.

Bei diesem nächsten Screenshot ist auch die URL sichtbar, sodass Sie entdecken können, dass sich dort am Ende ein kleines Symbol zeigt. Es führt bei Mausklick den direkten Import der Daten dieses Buchs in das Literaturverwaltungsprogramm Zotero durch, das Sie im nächsten Schritt kennenlernen werden (vgl. Roy Rosenzweig Center for History and New Media 2014).

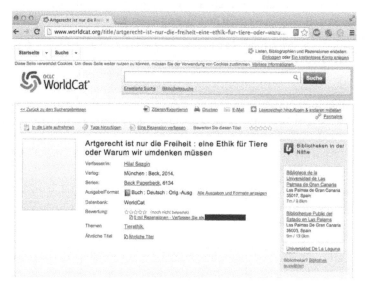

Abbildung 20: Einzeldaten eines Buches bei WorldCat
(Quelle: Screenshot einer einzelnen Fundstelle bei OCLC WorldCat 2014b)

Für den Alltag erweist sich Worldcat als hilfreiches, übersichtliches Tool. Es kennt allerdings auch nur Werke, die von Bibliotheken angeschafft wurden. Unser Fallbeispiel eines kostenlosen E-Books zeigt, dass es gut und sinnvoll ist, parallel immer auch noch bei BibSonomy und ggf. anderen Dienstleistern auf Spurensuche zu gehen.

6.5   Referenzmanager

Nachdem wir nun wissen, dass es sozusagen elektronische Karteikarten gibt, in denen die Metadaten von zitierfähigen Quellen gespeichert sind, stellt sich die Frage, wie man sie am einfachsten für die eigenen wissenschaftlichen Arbeiten nutzbar macht. Die Antwort ist klar: das geht am besten mit einem Literaturverwaltungsprogramm, auch Referenzmanager genannt.

Die Software hilft uns, den Überblick über die für die anstehende Arbeit gesichtete Literatur zu behalten sowie unsere eigenen Literaturbestände zu verwalten und aktuell zu halten. Vor allem aber hilft sie, fehlerfreie und konsistente Quellenangaben zu erzeugen.

Kennzeichnend für Literaturverwaltungsprogramme sind die enthaltenen Datenbanken, in der die Metadaten von Quellen abgelegt werden: Verfasser, Herausgeber, Titel des Werkes oder des Beitrags, Publikationsdatum, Auflage, Seitenbereich, URL, Verlagsname und Verlagsort, um nur einige der wichtigsten Daten zu nennen.

Diese Daten können solche Programme in der Regel direkt übernehmen: durch Importfunktionen, ja sogar direkt aus den gängigen Webbrowsern. Wenn man beispielsweise ein Buch auf dem Tisch liegen hat, muss man nicht händisch die Metadaten aus den enthaltenen Angaben zusammensuchen und eintippen, sondern importiert sie aus den jeweiligen Webseiten bei Amazon, Bibsonomy, WorldCat oder anderen.

Die Originaltexte selbst werden nicht gespeichert, denn sie sind jene Monografien, Sammelwerke, Zeitschriftenbeiträge, Webseiten und sonstigen Dokumente, die uns bei der Recherche begegneten und aus deren Inhalten wir Argumente und Informationen für die eigene Untersuchung benötigen.

Ein Literaturverwaltungsprogramm kann die in der Arbeit genutzten Quellendaten als Quellenverzeichnis in den gängigen Zitationsstilen ausgeben, also DIN 1505-2, MLA, APA und Harvard.

Hochschulen und Verlage machen stets Vorgaben, mit welchem Zitationsstil die Quellenverzeichnisse der einzureichenden Untersuchungen formatiert sein müssen. Daher ist das Arbeiten mit einem Literaturverwaltungsprogramm eine gute Hilfe: Will man beispielsweise eine an der Hochschule eingereichte Arbeit, die noch mit Fußnotenreferenzierungen erstellt werden musste, aufbereiten und bei einem Verlag zur Publikation bringen, reicht mitunter ein Mausklick, um von Fußnoten auf In-Text-Verweise umzustellen – sofern man bereits die ursprünglichen Fußnoten nicht händisch, sondern mit dem Literaturverwaltungsprogramm erzeugt hatte.

Solche Literaturverwaltungsprogramme wie Zotero, Citavi oder EndNote arbeiten mit Textverarbeitungsprogrammen zusammen. Sie stellen sicher, dass zu jeder Zitierung im Text der Arbeit eine zugehörige und formgerechte bibliographische Angabe im Quellenverzeichnis vorhanden ist. Auch stellen sie sicher, dass bei Überarbeitung des Textes entfernte Quellenverweise zur entsprechenden Bereinigung des Quellenverzeichnisses führen.

Webbasierte Literaturverwaltungsprogramme bieten auch die Möglichkeit zur gemeinschaftlichen Katalogisierung. Man kann beispielsweise für Projekt- oder Forschungsgruppen gegenseitige Freigaben von Datenbeständen erzeugen. So können die Teilnehmer konsistente Quellennachweise bei ihren gemeinsam entstehenden Forschungsdokumentationen erreichen.

Ein solches webbasiertes Literaturverwaltungsprogramm ist Zotero. Es wird kostenlos angeboten, für alle gängigen Betriebssysteme und Browser. Mit seiner Hilfe entstanden auch alle Referenzierungen und das Quellenverzeichnis dieses Buches.

6.6 Datenpflege

Die Eingabe der Metadaten von Quellen kann beim Literaturverwaltungsprogramm Zotero grundsätzlich auch immer von Hand erfolgen.

Dazu legt man einen neuen Datensatz an, wählt den Typ der einzupflegenden Quelle und trägt alle für diese Quelle benötigten Angaben ein.

Abbildung 21: Datensatz in Zotero anlegen

Quelle: Eigene Generierung am 03.04.2015

Einfacher geht es durch Direktimport aus dem Browser – etwa beim Besuch eines Onlineshops für Bücher oder eines Onlinekatalogs von Publikationen.

Das kleine blaue Buch-Icon oben in der URL-Zeile des Browsers verrät, dass hier das Browser-Plugin von Zotero installiert ist und somit die Metadaten des aufgerufenen Buches mit einem Klick in die Zotero-Datenbank übertragen werden können.

Nachstehend sehen Sie zunächst den Screenshot des Abrufs aus OCLC WorldCat, danach den Screenshot des Abrufs aus Amazon – jeweils ergänzt um den resultierenden Datenbestand in Zotero.

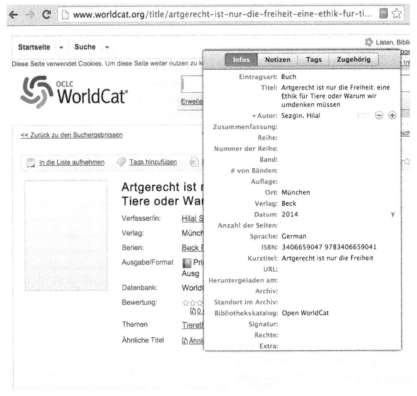

Abbildung 22: Datenübernahme aus OCLC WorldCat

Quelle: Eigene Generierung am 03.04.2015

Abbildung 23: Datenübernahme aus Amazon

Quelle: Eigene Generierung am 03.04.2015

Es zeigt sich sowohl beim Vergleich der beiden obigen Darstellungen als auch in einem Schnelltest, nämlich beim Ausgeben der Datenbestände in einer leeren Word-Datei, welche unterschiedlichen Daten vorhanden sind und dass dadurch unterschiedliche Resultate zustande kommen:

(Sezgin 2014a) In-Text-Referenzierung mit Nutzung der OCLC-Daten

(Sezgin 2014b) In-Text-Referenzierung mit Nutzung der Amazon-Daten

Quellenverzeichnis:

Sezgin, Hilal (2014a): *Artgerecht ist nur die Freiheit: eine Ethik für Tiere oder Warum wir umdenken müssen.* München: Beck.

Sezgin, Hilal (2014b): *Artgerecht ist nur die Freiheit: Eine Ethik für Tiere oder Warum wir umdenken müssen.* 4. Aufl. München: C.H.Beck.

Abbildung 24: Ergebnisse WorldCat / Amazon

Quelle: Eigene Generierung am 03.04.2015

Dass bei den WorldCat-Daten keine Auflage angegeben wurde, muss nicht ein Fehler sein: Vermutlich handelte es sich beim Einbringen der Daten seitens der beteiligten Bibliothek noch um die 1. Auflage – und die Angabe einer 1. Auflage erfolgt in der Regel nicht.

Schauen Sie daher stets in das Ihnen selbst vorliegende Buch, aus dem Sie zitieren, und tragen Sie in Ihrer Zotero-Datenbank die entsprechende Auflage ein! Denn es könnte durchaus sein, dass die 4. Auflage Ergänzungen und Änderungen gegenüber einer früheren Auflage aufweist – darum müssen Auflagenangaben präzise vorgenommen werden.

Wichtig ist also, darauf zu achten, ob die benötigten Angaben auch wirklich vorhanden sind. Ebenfalls ist darauf zu achten, ob enthaltene Umlaute und Sonderzeichen so abgelegt sind, dass sie fehlerfrei im Verweis auf die Quelle wiedergegeben werden. Es könnte schließlich sein, dass etwa die bei WorldCat eintragende Unibibliothek aus Versehen Fehlerhaftes zu einer Quelle eingegeben hatte oder dass zunächst richtig aussehende Umlaute in der Arbeit selbst falsch ausgegeben werden, beispielsweise wird dann im Quellenverzeichnis »u¨ber« statt »über« ausgegeben.

Es empfiehlt sich somit, bei jeder Eingabe und Übergabe in die Zotero-Datenbank sogleich den jeweiligen Datensatz kritisch zu prüfen.

Direktimport ist auch möglich beim Besuch einer Webseite, die als Quelle referenziert werden soll. Allerdings sind meist einige Angaben von Hand zu ergänzen:

Abbildung 25: Daten einer Online-Quelle übernehmen

Quelle: Eigene Generierung am 03.04.2015 (Gertler 2013)

Hier mussten Vor- und Nachname des Autors und die Jahresangabe des Posts ergänzt werden.

Korrekturen nimmt man am besten sofort und nur in der Datenbank selbst vor! Korrigiert man stattdessen die in der eigentlichen Textdatei der Arbeit angezeigten Quellenangaben, werden diese nach dem nächsten Refresh wieder auf den vorherigen, fehlerhaften Stand zurückversetzt. Jeder Eintrag eines weiteren Quellenverweises führt nämlich stets zum Refresh aller genutzten Daten der eigenen Zotero-Datenbank. Also muss jeder Fehler auf jeden Fall dort korrigiert werden, wo er gespeichert ist: in der Datenbank.

6.7 Aufgabenblatt zu diesem Kapitel

Unterstützen Sie durch diese Aufgaben gezielt Ihr Selbststudium!

1. Probieren Sie aus, ob Sie valide und vollständig nach dem Karteikasten-Prinzip in MS Word die Metadaten Ihrer Quellen sammeln können – und ob stattdessen die Nutzung eines Referenzmanagers (Literaturverwaltungsprogramms) sinnvoller wäre.

2. Checken Sie die vorgestellten Provider von Metadaten: BibSonomy, die Angebote Ihrer Uni-Bibliothek und WorldCat.org.

3. Probieren Sie die vorgestellten Literaturverwaltungsprogramme aus – möglicherweise gibt es an Ihrer Hochschule oder seitens Ihres Verlags dazu konkrete Vorgaben. Wenn nicht: Zotero dürfte die erste Wahl sein, da für alle führenden Betriebsysteme vorhanden und da nichtkommerziell.

4. Spielen Sie alle notwendigen Schritte durch: händische Eingabe von Metadaten; Übernahme von Metadaten aus Online-Angeboten; Aufbereitung und Korrektur der Metadaten; Wahl und Änderung des Ausgabestils.

7 Wissenschaftliches Schreiben

Wer ein Studium absolviert, muss selbst eine gute wissenschaftliche Praxis beweisen. Die DFG-Empfehlungen der Kommission »*Selbstkontrolle in der Wissenschaft. Vorschläge zur Sicherung guter wissenschaftliche Praxis*« vom Januar 1998 benennen dazu als Kriterien:

- nach anerkannten Forschungsstandards der eigenen Disziplin zu arbeiten,
- die Resultate zu dokumentieren,
- die eigenen Ergebnisse konsequent selbst anzuzweifeln,
- Ehrlichkeit im Hinblick auf die Beiträge Dritter zu wahren. (Vgl. Deutsche Forschungsgemeinschaft 1998: 3 f.)

Als Betrug wertet man den Verstoß gegen wissenschaftliche Grundregeln. Solche Verstöße sind erfundene oder gefälschte Daten und Plagiate.

Daher ist große Sorgfalt beim Schreiben geboten – und die ständige Vergewisserung, ob man diesen Kriterien der Deutschen Forschungsgemeinschaft entspricht.

In diesem Teil, in der Lektion zum wissenschaftlichen Schreiben, widmen wir uns der Frage, wie wir am besten die notwendigen Bestandteile unserer Arbeit angehen.

Struktur einer wissenschaftlichen Arbeit

Bei **kleineren** wissenschaftlichen Arbeiten kann so vorgegangen werden:

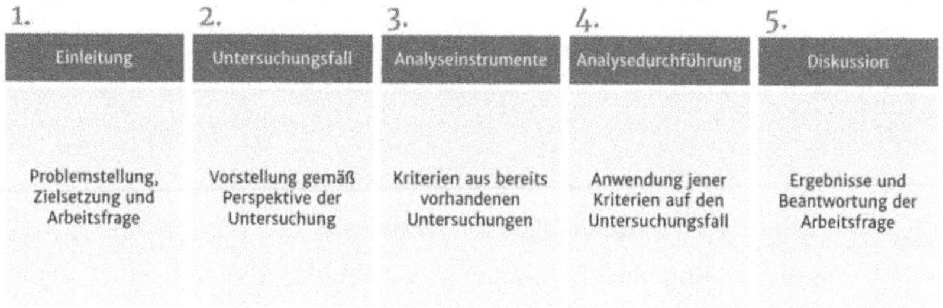

1.	2.	3.	4.	5.
Einleitung	Untersuchungsfall	Analyseinstrumente	Analysedurchführung	Diskussion
Problemstellung, Zielsetzung und Arbeitsfrage	Vorstellung gemäß Perspektive der Untersuchung	Kriterien aus bereits vorhandenen Untersuchungen	Anwendung jener Kriterien auf den Untersuchungsfall	Ergebnisse und Beantwortung der Arbeitsfrage

Abbildung 26: Strukturmodell kleinerer Arbeiten

Quelle: Eigene Darstellung

Nach (1.) Beschreibung und Begründung der Problemstellung, einer daraus resultierenden Zielsetzung für die Untersuchung sowie der sie operationalisierenden Arbeitsfrage wird

im nächsten Kapitel (2.) der Untersuchungsgegenstand beschrieben, und zwar strikt unter der Perspektive des Untersuchungsziels.

Danach (3.) werden Kriterien aus vorhandenen Untersuchungen und ggf. zusätzlich aus berufsfachlichen Quellen erarbeitet und zu einem Analyseinstrumentarium zusammengestellt.

In der Durchführung der Analyse (4.) dienen sie zur Verprobung des Untersuchungsgegenstands. Die einzelnen Ergebnisse der Analyse – ob argumentierend oder anhand von Messergebnissen durchgeführt – sollten zusammen mit ihrer jeweiligen Stärke auch tabellarisch erfasst werden.

Im letzten Kapitel (5.) kommen keine neuen Aspekte oder Inhalte mehr vor – hier werden die Ergebnisse mitsamt ihrer Stärkenbeschreibungen mit Blick auf das Untersuchungsziel interpretiert und die Arbeitsfrage wird explizit beantwortet.

Bei **umfangreicheren** wissenschaftlichen Arbeiten kann so vorgegangen werden:

Abbildung 27: Strukturmodell größerer Arbeiten

Quelle: Eigene Darstellung

Nach (1.) Beschreibung und Begründung der Problemstellung, einer daraus resultierenden Zielsetzung für die Untersuchung sowie der sie operationalisierenden Forschungsfrage wird

im nächsten Schritt (2.) ausführlich der Stand der Forschung beschrieben, und zwar strikt unter der Perspektive des Untersuchungsziels.

Danach (3.) wird der Bezugsrahmen zum Vorherigen definiert und das For-schungsdesign wird bestimmt. Dazu zählen die begründete Wahl der Methoden sowie die Darlegung der gewählten Ausschöpfungs- und Umsetzungsweisen der Methoden.

In der Durchführung (4.) werden Annahmen bzw. Hypothesen erarbeitet und durch Analysen bzw. Anwendung empirischer Methoden untersucht. Die er-langten Ergebnisse sollten zusammen mit ihrer jeweiligen Stärke auch tabella-risch erfasst werden.

Im letzten Schritt (5.) kommen keine neuen Aspekte oder Inhalte mehr vor – hier werden die Ergebnisse mitsamt ihrer Stärkenbeschreibungen mit Blick auf das Untersuchungsziel interpretiert und die Forschungsfrage wird explizit beantwortet.

Die Schritte 2 bis 4 können sich hier durchaus jeweils über mehrere Kapitel erstrecken.

7.1   Die Einleitung

Was gehört in die »Einleitung« meiner Arbeit? Weder Danksagungen noch persönliche Berichte gehören in das erste Kapitel einer wissenschaftlichen Arbeit.

Leser erwarten nämlich zu Recht, dort knapp und verständlich über die Prob-lemstellung informiert zu werden, Ihre daraufhin gestellte Zielsetzung kennen zu lernen und die zu diesem Zwecke von Ihnen formulierte Forschungsfrage zu erfahren.

Dieses erste Kapitel überschreiben wir am besten mit dem, was darin vor-kommt – so wie auch alle weiteren Überschriften stets inhaltlich den Gegen-stand im jeweiligen Kapitel angeben:

1 Problemstellung, Zielsetzung und Forschungsfrage

Im Rahmen des ersten Punktes, der Problemstellung, ist dann auch die Ein-grenzung des Themas vorzunehmen und zu begründen, wobei dort zudem die Konsequenzen der Eingrenzung für die Reichweite und Verallgemeinerung der Ergebnisse und Schlussfolgerungen erläutert werden sollen (vgl. Franck 2009: 144).

Verwenden Sie als Kapitelüberschrift also besser nicht das inhaltslose Wort »Einleitung«, sondern geben Sie schon in der Überschrift klar an, was die Leser in diesem ersten Kapitel erwarten dürfen: »Problemstellung, Zielset-zung und Forschungsfrage«.

Lassen Sie sich aber nicht dazu verleiten, die drei Begriffe in Unterpunkten darstellen zu wollen, denn dann sind Sie vermutlich bereits zu ausführlich geworden. Problemstellung, Zielsetzung und Forschungsfrage einer Haus-, Projekt- oder Abschlussarbeit sind normalerweise zusammen, und zwar logisch einander folgend, auf einer Textseite darlegbar.

7.2   Eigenständig untersuchen

Dies leisten zu sollen formuliert einen Anspruch, dem Sie sich zumindest bei Erstellung Ihrer Abschlussarbeit stellen müssen. Um sich dafür zu trainieren, ist es notwendig, auch bei Hausarbeiten diesen Maßstab einzuhalten. »Untersuchung« ist ein Hinweis auf den nicht nur formal, sondern tatsächlich wissenschaftlichen Charakter der Arbeit. Diese kann folglich kein Essay oder eine rein auf Praxisproblemlösungen ausgerichtete Abhandlung sein.

Untersuchungen sind prinzipiell *ergebnisoffen*. Das macht ihre Eigenständigkeit aus: Ihr Ergebnis ist nicht vorbestimmt. Und das unterscheidet sie von Praxisaufgaben, die zuvor vom Auftraggeber definiert wurden – etwa das Erarbeiten eines Geschäftsmodells, eines Businessplans oder einer Kommunikationsmaßnahme.

Wissenschaft kennt nur das »Finden« von Lösungen durch Gehen eines methodischen Weges, nicht aber das behauptende Begründen von zuvor festgelegten Lösungen und Lösungswegen. Wissenschaft kann Lösungen nur finden, indem unterschiedliche Möglichkeiten an erarbeiteten Kriterien gemessen bzw. geprüft werden.

Um dies zu realisieren, benötigen Sie eingangs eine Forschungsfrage, die im letzten Kapitel aufgrund des Bearbeitungsteils zu beantworten ist.

Somit unterscheidet sich auch die Aufgabenstellung einer Thesis von einer »Konzeption« im Berufsalltag: Im Studium ist – sicherlich praxisorientiert – primär wissenschaftlich vorzugehen und zu argumentieren.

7.3   Grundlagen einbauen

Prinzipiell gilt, dass nichts in einer wissenschaftlichen Arbeit vorkommen darf, was für die Bearbeitung und Beantwortung der Forschungsfrage bzw. Themenstellung überflüssig ist. Positiv formuliert: Alles, was für das Verständnis der Problemstellung und des Lösungsweges notwendig ist, muss in der Arbeit enthalten sein.

Dazu gehören selbstverständlich Grundlagen aus der wissenschaftlichen Literatur: Methoden, Modelle und bereits zum Untersuchungsgegenstand vorfindbare Untersuchungen. Dennoch: bitte keinen separaten Grundlagenteil erstellen! Solch ein separater Grundlagenteil ist nämlich oft mit allerlei Informationen zu füllen, die in der dann erst ab Kap. 3 folgenden eigentlichen Bearbeitung möglicherweise gar nicht so umfänglich benötigt werden bzw. auf die dann jeweils zurückverwiesen werden muss – das hat für die Leser ein umständliches Herumblättern zur Folge.

Tipp: Beginnen Sie Ihren Bearbeitungsteil direkt mit Kap. 2 und bringen Sie Grundlagen-Informationen immer direkt dort ein, wo sie gerade für Argumentationen oder für die Nachvollziehbarkeit notwendig sind! Auf diese Weise vermeiden Sie die unnütze Erarbeitung und Verschriftlichung von nicht benötigten Informationen, Sie sparen Zeit und Kraft - und Ihre wissenschaftliche Arbeit gewinnt an Konsistenz.

Grund für diese Vorgehensweise ist, den forschenden Charakter – das Erreichen eines Erkenntnisziels – in allen hochschulischen Arbeiten, also auch bei Projektarbeiten und Referaten, durchgängig aufrecht zu erhalten.

Sollten Sie sich dafür entscheiden, ein Kapitel „Stand der Forschung" für Ihr voraussichtlich umfangreicheres Vorhaben zu erstellen, achten Sie dabei darauf, dass stringent nur Quellen vorkommen, die nachvollziehbar zur Problemstellung, Zielsetzung und Lösungsfindung beitragen werden.

7.4   Das Schlusskapitel

Grundsätzlich gehören keine neuen Informationen mehr in Ihr letztes Kapitel! Also sind auch Referenzierungen zu externen Quellen fehl am Platz. Unpassend sind ebenfalls Betrachtungen über Kontexte der Themenstellung, Essay-haftes Orakeln über die Bedeutung der Arbeitsergebnisse für die Zukunft, o. ä.

Bitte schreiben Sie schon gar keine »Schlussbetrachtung«! Dieses Wort lässt nicht erkennen, dass hier Ihr wissenschaftlicher Endspurt stattfindet.

Der Schluss einer Arbeit dient ja allein dazu, begründete und nachvollziehbare Schlüsse aus dem zuvor Erarbeiteten zu ziehen und sie zu diskutieren – nicht mehr und nicht weniger. Hier ist der Ort, die eingangs formulierte Forschungsfrage nochmals zu platzieren und sie *explizit* zu beantworten, dabei auf die vorherigen Kapitel zurückblickend und verweisend.

Sollte es heißen: »Fazit und Ausblick«? Das Schlusskapitel mit »Fazit und Ausblick« zu überschreiben, ist schon ein wenig besser. So wird erkennbar, dass hier die Resultate aus der Bearbeitung der Forschungsfrage zu finden sind und Folgerungen vorgestellt werden.

Dabei ist aber streng darauf zu achten, dass diese Folgerungen (»Ausblick«) auch tatsächlich logisch aus den Ergebnissen der vorherigen Kapitel gezogen werden, nicht aber einfach als Behauptungen niedergeschrieben werden!

Am besten: »Diskussion der Ergebnisse«!

Diese Überschrift für das Schlusskapitel ist in der Regel die beste, denn sie lässt erwarten, dass Sie hier die Forschungsfrage noch einmal wiederholen, aus Zusammenfassungen der erarbeiteten Ergebnisse eine Antwort auf die Forschungsfrage geben und all das – inkl. Ihrer Vorgehensweise und Methodik – kritisch diskutieren.

Zudem ist »Diskussion der Ergebnisse« eine optimale Überschrift für Ihr Schlusskapitel, weil sie bekanntlich nicht darin bestehen kann, Behauptungen aufzustellen, sondern nur durch nachvollziehbares Argumentieren zustande kommt.

Soll ein » Fazit« Quellenangaben enthalten?

Ob Zwischenfazit oder Endfazit: es gibt dort keine Referenzierungen mehr zu externen Quellen, allenfalls zu den eigenen (Unter-)Kapiteln! Ein Fazit soll keinesfalls mehr etwas Neues einbringen, sonst wäre es ja kein Fazit. Es werden also nur die eigenen Schlüsse im Mittelpunkt stehen, die man zuvor gezogen hatte, nicht aber erneut die dazu führenden Positionen anderer.

Wer die Daten und Argumente nachlesen will, die zu jenen Schlüssen geführt hatten, muss halt dort nachschlagen, wo sie vorgestellt und diskutiert wurden.

7.5   Kostengünstig Daten auswerten

In manchen Fällen mag Excel reichen, für statistische wissenschaftliche Arbeiten in der Regel aber nicht. Sie können sich jedoch mit der Open-Source-Software PSPP (kostenlos) behelfen, denn SPSS ist eine kostspielige Software.

Gehen Sie, wenn möglich, so vor:

•   Installieren Sie PSPP, pflegen Sie dort Ihre eigene Daten ein, spielen Sie die benötigten Berechnungen dort durch und lassen Sie sich die Ergebnisse ausgeben.

•   Anschließend können Sie die SPSS-kompatible Datei auf einem Stick mitnehmen zur Uni und dort die Ergebnisse von SPSS gegenrechnen lassen.

- Die dortigen Ergebnisse geben Sie als PDF aus, kopieren sie auf den Stick und können sie in die (Anlage Ihrer) Arbeit übernehmen.

Hintergrund dieses Umwegs über eine bestehende SPSS-Installation ist, dass PSPP eine Open-Source-Software ist und daher nicht immer bzw. in jedem Fall gewährleistet sein kann, dass tatsächlich statistisch exakte Berechnungen ausgegeben werden.

7.6   Allgemeine Zitierregeln

Zitate müssen stets erkennbar sein, und sie müssen in der Form exakt und im Inhalt richtig umgesetzt werden.

Wenn das Originalzitat von unseren heutigen Regeln abweichende Rechtschreibung und Zeichensetzung aufweist, sind diese Abweichungen mit zu übernehmen, sofern es sich um ein wörtliches, direktes Zitat handelt. Bei sinngemäßen, indirekten Zitaten werden solche Abweichungen nicht übernommen, denn wir geben ja mit eigenen Worten den fremden Inhalt wieder.

Wörtliche, direkte Zitate sind daran zu erkennen, dass der fremde Text in Anführungszeichen gesetzt ist. Nichtwörtliche, sinngemäße bzw. indirekte Zitate sind der Normalfall im wissenschaftlichen Alltag; sie erscheinen nicht in Anführungszeichen.

Vor Beginn des fremden Textes muss deutlich werden, dass ab dort nun jemand anderer »spricht« – und nach dem fremden Text muss der Kurzbeleg folgen.

7.7   Darstellungsverzeichnisse

Für Abbildungen und Tabellen gibt es unterschiedliche Verzeichnisse. Sie sind über die normalen Funktionen von Word oder OpenOffice einrichtbar.

Fügen Sie Abbildungen oder Tabellen in das Dokument ein. Durch Rechtsklick auf das aktivierte Element können Sie dann u. a. wählen: »Beschriftung einfügen...«

Tragen Sie dort nun eine knappe, nachvollziehbare Beschreibung ein, wie man es auch bei Überschriften tut – Beispiel: »Umsatzentwicklung 2004 bis 2014«.

Dieser Titel erscheint danach automatisch im zugehörigen Verzeichnis (für Abbildungen oder Tabellen), unter Beibehaltung der automatischen Durchnummerierung (»Abbildung 3« bzw. »Tabelle 3«).

7.8   Quellenarten im Quellenverzeichnis

Auch ein Literaturverwaltungsprogramm wie Zotero kann die in seiner Datenbank gespeicherten Literaturdaten nur so ausgeben, wie wir selbst sie gekennzeichnet haben. Daher ist es nun hilfreich, die unterschiedlichen Vorkommen
noch einmal genau zu betrachten.

Die angeführten Beispiele aus dem Quellenverzeichnis entsprechen der Stan-
dardausgabe mittels Zotero im Harvard-Stil.

Monographien

Nachname, Vorname des Autors/der Autorin (Jahr): Titel (= ggf. Reihe),
Auflage (ab 2.), Erscheinungsort

> Sezgin, Hilal (2014): *Artgerecht ist nur die Freiheit. Eine Ethik für Tiere o-
> der Warum wir umdenken müssen.* München: Verlag C.H. Beck.

Beiträge in Sammelwerken

Name, Vorname der Autorin/des Autors, (Jahr): Titel, in: Name, Vorname
der Herausgeberin/des Herausgebers (Hrsg.): Titel des Sammelbands, Erscheinungsort, Seitenzahlen von bis

> Riesenhuber, Felix (2009): »Großzahlige empirische Forschung«. In:
> Albers, Sönke (Hrsg.) *Methodik der empirischen Forschung.*
> Wiesbaden: Deutscher Universitäts-Verlag S. 1–16.

Beiträge in Zeitschriften

Name, Vorname des Autors/der Autorin (Jahr): Titel, in: Name der Zeit-
schrift, Band/Heft, Seitenzahl

> Gertler, Martin (2013): »Meaning-generating propositions of reality
> by media: Quality attributes and functions of journalism«.
> In: *Journal of Information, Communication and Ethics in Society.*
> 11 (1), S. 4–18.

Beiträge aus dem Internet

Name, Vorname der Autorin/des Autors, (Jahr wenn mgl.): Titel, vollständige URL (Stand, Abrufdatum)

> Hagen, Tobias (2014): »Evidenzbasierte Wirtschaftspolitik: CO_2-
> Bilanz von Lebensmitteln«. Abgerufen am 19.01.2015 von
> http://evidenzbasierte-
> wirtschaftspolitik.blogspot.de/2014/12/co2-bilanz-von-
> lebensmitteln.html.

Falls PDF, speichern Sie bitte eine elektronische Kopie des zitierten Originaltextes und reichen sie ggf. mit ein.

7.9 Benötigte Elemente

Eine Kurzfassung (Abstract) wird bei den meisten Publikationsformen erwartet; bei hochschulischen Arbeiten ist das nicht der Fall.

Auf jeden Fall muss eingangs das Inhaltsverzeichnis die Gliederung in gestufter und übersichtlicher Form abbilden, mit der üblichen Nummerierung und unter Angabe der jeweiligen Seitenzahlen. Das Inhaltsverzeichnis wird vom Textverarbeitungsprogramm selbst und automatisch generiert, sofern man mit den entsprechenden Formatzuweisungen pro Überschrift gearbeitet hat. Handgemachte Inhaltsverzeichnisse sind zu vermeiden – sie sind erfahrungsgemäß eine Quelle von Fehlern: Da stimmen plötzlich die Seitenzahlen nicht und mitunter lauten die Kapitelüberschriften in der Arbeit anders als im Verzeichnis.

Mit der Einleitung beginnen die Kapitel, die mit Ordnungszahlen versehen sind, und mit dem Schlusskapitel endet die Zählung. Alle Elemente außerhalb tragen keine Nummerierungen; Anhänge können als »Anhang A«, »Anhang B« etc. strukturiert werden, denkbar mit Unterpunkten »A.1«, »A.2« etc.

Nach den eventuellen Anhängen folgt das optionale Glossar, in dem erklärungsbedürftige Begriffe verständlich beschrieben werden.

Anschließend folgen das Abbildungsverzeichnis und das Tabellenverzeichnis – beide sind nur dann notwendig, wenn mindestens eine Abbildung bzw. mindestens eine Tabelle in der Arbeit (einschließlich im Anhang) vorhanden ist.

Sollten nicht allgemein bekannte Abkürzungen verwendet worden sein, werden sie in das ansonsten optionale Abkürzungsverzeichnis aufgenommen und dort in alphabetischer Folge jeweils im vollen Wortlaut wiedergegeben.

Danach ist die bei hochschulischen Arbeiten notwendige Eigenständigkeitserklärung unterschrieben einzufügen, gefolgt vom Lebenslauf und ggf. einem Stichwortverzeichnis. Ohne sie wird eine Arbeit nicht angenommen bzw. kann nicht als bestanden gewertet werden.

7.10 Hochschulische Standards

Einige Gepflogenheiten des täglichen Sprachgebrauchs und Schreibens haben keinen Platz in einer wissenschaftlichen Arbeit, also einer Untersuchung, bei der es um Exaktheit und Prägnanz geht.

Die Probleme beginnen, sobald die Begrifflichkeiten der Prüfungsordnung und der vorgegebenen Prüfungsformen zugunsten von eigenen Wortschöpfungen verlassen werden.

So zählt beispielsweise ein »Booklet« nicht zu den wissenschaftlichen Produkten (wie Hausarbeiten, Seminararbeiten, Bachelor Thesis, Master Thesis und Dissertation), sondern ist im Sprachgebrauch vielmehr definiert als ein Beiprodukt von CD- und DVD-Verpackungen (vgl. Wikipedia 2014). »Booklets« schildern also zum Beispiel den Lebenslauf eines Künstlers, der auf der CD oder DVD seine Arbeiten präsentiert, oder sie sind z. B. bei Schulungsmedien ergänzend für den elektronischen Angebotsteil erstellt worden.

Die Vorgaben für die o. g. wissenschaftlichen Produkte (auch »wissenschaftliche Artefakte« genannt) findet man in den bei vielen Hochschulen gültigen Standardwerken (vgl. Balzert u. a. 2011; vgl. ferner Rossig und Prätsch 2008). Hierbei handelt es sich um hochschulische Vorgaben.

Die Qualifikationsziele der Hochschulstudiengänge erfordern, dass alle Module wissenschaftliche Grundlegungen haben müssen. Es gibt prinzipiell an (angewandt) wissenschaftlichen Hochschulen, also Uni und FH, keine nichtwissenschaftlichen Fächer / Module. Dementsprechend sind die Prüfungsformen auszugestalten: Es müssen neben berufspraktischen immer auch wissenschaftliche Qualifikationen geprüft werden. Das bloße Erstellen berufsorientierter Produkte sowie das Beschreiben (Protokollieren) ihres Zustandekommens ist als Prüfungsleistung nicht hinreichend.

Dies hat natürlich auch Auswirkungen auf die Form der Einreichungen: Sie müssen allein wissenschaftlichen Standards genügen, dürfen daher nicht »gestalterisch« von wissenschaftlichen Anforderungen abweichen. Wo dies dennoch vereinzelt von nicht wissenschaftlich profilierten Prüfern angeraten oder gefordert wird, sollte man sich schon aus eigenem Interesse auf die wissenschaftlich orientierten Vorgaben für das wissenschaftliche Arbeiten (verfasst z. B. in Form eines allgemeinen Leitfadens der Hochschule) zurückziehen und unverändert mit den zentral zur Verfügung gestellten Formatvorlagen (Templates) arbeiten.

7.11   Keine »Deppenleerzeichen«

Dieser allseits bekannte, bewusst nicht freundlich anmutende Begriff, der von einem gleichnamigen Blog seit 2004 geprägt wurde (vgl. Gast 2004), dient zur Kennzeichnung eines immer häufiger vorkommenden Fehlers – nicht nur in wissenschaftlichen Arbeiten, sondern vor allem in der Marketingsprache.

So werden Dosen beschriftet mit solchem Gestammel: »Tomaten Stücke«, »Kichererbsen Eintopf« und »Kidney Bohnen«. Richtig wären bei den drei genannten Dosen hingegen nur folgende Beschriftungen: »Tomatenstücke« (oder, um die Zweizeiligkeit auf dem Etikett beizubehalten: »Tomaten-Stücke«), »Kirchererbsen-Eintopf« und »Kidneybohnen«.

Aus dem Berufsleben schwappt diese Falschschreibung immer mehr auch in wissenschaftliche Arbeiten über. Vor allem glauben viele fälschlicherweise, dass im Englischen alle zusammengesetzten Wörter nicht zusammengeschrieben würden und dass dies folglich (?) im Deutschen auch nicht der Fall sei.

Doch trifft man durchaus auch im Englischen Zusammenschreibungen an – »firstclass passengers« sind mindestens so häufig anzutreffen und vor allem eindeutiger bezeichnet als die ebenso üblichen »first class passengers«. Getrennt- und Zusammenschreibungen bestimmen also stets Bedeutung und Verständlichkeit!

Auf jeden Fall aber dominiert gemäß Duden stets die deutsche Rechtschreibung die Vorgehensweise beim Zusammensetzen mit englischen Begriffen: »First-class-Passagiere«, »Content-Management-Systeme«, »Public-Relations-Abteilung«. Da ist der Duden eindeutig: »Bei Aneinanderreihungen und Zusammensetzungen mit Wortgruppen muss grundsätzlich mit Bindestrich durchgekoppelt werden« (Duden 2013c).

Auch die komplette Übernahme von englischen Begriffen, die aus mehreren Substantiven bestehen, schützt laut Duden nicht vor der Pflicht zur Zusammensetzung: Ladenschilder mit Angaben wie »Coffee Bar« und »Hair Stylist« sind falsch. Übernahmen von Begriffen wie »Marketing Management« oder »Content Management« ins Deutsche führen demnach zwingend zur Zusammenschreibung: »Marketingmanagement«, »Contentmanagement« etc. Bei langen Zusammensetzungen können auch Bindestriche zum Einsatz kommen: »Desktop-Publishing«. (Vgl. Duden 2013d)

Wenn der erste Bestandteil der Zusammensetzung jedoch nicht ein Substantiv, sondern ein Adjektiv ist (z. B. »Black Box«) und die Hauptbetonung auf dem ersten Teil liegt, hat man die Möglichkeit zur Getrenntschreibung; dennoch empfiehlt der Duden die Zusammenschreibung auch in diesem Fall. Bei Getrenntschreibung bleibt es in Anlehnung an das Englische, wenn dort eine Kombination aus Adjektiv und Substantiv getrennt geschrieben wird und keine Betonung auf dem ersten Teil liegt (»Electronic Banking«, »Top Ten« etc.). (Vgl. Duden 2013c)

Wer also nicht nur eine schlechtere Benotung, sondern auch den hässlichen Stempel »Deppenleerzeichen« des Dozenten neben den Texten in seiner Arbeit vermeiden möchte, nimmt tunlichst Abstand von jeglichen »Deppen Leerzeichen«.

7.12   Konsistente Seitenzahlen

Müssen noch römische Seitenzahlen verwendet werden? Nein, denn in Zeiten der inzwischen üblichen Einreichung von PDF-Versionen von Haus- und Abschlussarbeiten sorgt eine unterschiedliche Seitenzählung (erst römisch, dann ab Einleitung arabisch, am Schluss gar wieder römisch) nur noch für Verwirrung.

Wenn Ihr Prüfer im Inhaltsverzeichnis der PDF liest, dass Kap. 3 beispielsweise auf S. 7 beginnt, dann muss er problemlos im Acrobat-Reader die aufzusuchende Seitenzahl »7« eingeben können, um dorthin zu gelangen, ohne stattdessen auf S. 3 o. ä. zu landen.

Durch unterschiedliche Zählweisen innerhalb eines Dokuments würde also die Validität der Angaben des Inhaltsverzeichnisses verloren gehen. Daher sehen die meisten Hochschulen inzwischen davon ab, diese veraltete (da auf bloße Papiereinreichungen ausgelegte) Darstellungsweise noch als Standard zu fordern.

In Zeiten von PDF-Dateien, Online-Journals und E-Books sind solche sicherlich traditionell üblichen, aber immer schon mühsam zu verwirklichenden Besonderheiten nicht mehr aufrecht zu erhalten.

7.13   Bewertung und Benotung

Grundsätzlich wird sich die Bewertung einer wissenschaftlichen Arbeit an den Vorgaben orientieren, die wiederum auf unterschiedliche Kriterien Bezug nehmen.

Zuallererst sind natürlich die prinzipiellen Vorgaben aus der jeweiligen Prüfungsordnung zu beachten. Maßstab sind dabei die Angaben zur Abschlussarbeit, auf die hin bereits alle vorherigen wissenschaftlichen Arbeiten ausgerichtet werden müssen.

Diese Vorgaben sind meist so oder ähnlich in der geltenden Prüfungsordnung formuliert:

»Die Abschlussarbeit soll nachweisen, dass der/die Kandidat/in befähigt ist, innerhalb einer vorgeschriebenen Zeit eine an der Praxis orientierte Aufgabe aus seinem/ihrem Studienfach selbstständig zu erarbeiten.

Die Abschlussarbeit soll fachliche Einzelheiten ebenso berücksichtigen wie modulübergreifende und gestalterische Methoden sowie aktuelle wissenschaftliche Erkenntnisse.

Die Abschlussarbeit ist eine eigenständige Untersuchung mit einer Aufgabenstellung aus dem jeweiligen Fachbereich. Sie beinhaltet eine ausführliche Beschreibung und Erläuterung der gefundenen Lösung.« (Quelle: BPO RFH Köln 2013, unveröffentlicht)

Kurzum:

- vorgeschriebene Zeit
- Praxisthema aus dem Studiengebiet
- aktuelle wissenschaftliche Erkenntnisse einbeziehen
- eine eigenständige Untersuchung.

Damit wird bereits deutlich, dass hier kein Raum für »Aufsätze« ist, sondern dass eine *Untersuchung* erwartet wird.

Dementsprechend werden passende Bewertungskriterien gehandhabt und bei der Prüfung unterschiedlich stark gewichtet angewandt. Sie sind etwa in dieser oder ähnlicher Weise formuliert:

1. Thema und Forschungsfrage, Hypothesen
2. Strukturierung
3. Konzeptionell-theoretische Grundlagen
4. Durchführung
5. Quellen und Zitierweise
6. Form und Stil

Dabei achten die Prüferinnen und Prüfer auf besondere Merkmale pro Kriterium, z. B. so:

1. Thema und Forschungsfrage, Hypothesen: Das Thema ist aktuell und für Wissenschaft sowie Praxis relevant; es ist anspruchsvoll und herausfordernd; die Problemstellung ist klar und eindeutig formuliert; relevante Forschungslücken werden identifiziert; die Zielsetzung der Arbeit wird dargestellt; Forschungsfrage(n) und Hypothesen sind eindeutig formuliert und begründet; Methoden und Konzepte sind unabhängig von einem Unternehmen bzw. einer spezifischen Problemstellung.

2. Strukturierung: Die Gliederung ist formal korrekt, folgerichtig formuliert und aussagekräftig; sie verfügt über eine der Themenstellung angemessene Tiefe; die Strukturierung der Argumentation folgt stringent einer wissenschaftlichen Methode (Deduktion, Induktion, Vergleichende Methode); die Untergliederung ist zweckmäßig, vollständig und konsistent; die Gliederungspunkte sind in substantivierter Form formuliert; ein »Roter Faden« ist deutlich erkennbar.

3. Konzeptionell-theoretische Grundlagen: Ein konzeptionell-theoreti-scher Anteil ist vorhanden; Definitionen zentraler Begriffe und eine sachgerechte Begriffsabgrenzung sind vorhanden; eine Darlegung der für die Untersuchung benötigten Grundlagen und Forschungsstände ist vorhanden; die Theoriewahl wird inhaltlich sinnvoll begründet; die wesentlichen Themenaspekte werden berücksichtigt, eine Reduktion auf bestimmte Teilaspekle wird begründet; die Arbeit identifiziert Lücken im Stand der Forschung, die im Verlauf geschlossen werden sollen.

4. Durchführung: Eine konkrete Problemstellung ggf. aus der Praxis wird identifiziert, analysiert und strukturiert beschrieben; die recherchierten wissenschaftlichen Methoden werden auf den Untersuchungsgegenstand angewandt; mittels einer geeigneten, systematischen und strukturierten Vorgehensweise wird für die Problemstellung eine Lösung entwickelt; Problemanalyse, Methodenauswahl und -anwendung sowie Entwicklung des Lösungsansatzes erfolgen korrekt und eigenständig; der entwickelte Ansatz ist zur Lösung der vorliegenden Problemstellung geeignet und umsetzbar; Vorgehensweise und Problemlösung werden in strukturierter Form schriftlich und für den kundigen Fachleser verständlich dokumentiert; Abbildungen, Diagramme, Grafiken und Schaubilder sind in ausreichender Zahl enthalten, sind formal und inhaltlich korrekt, mit korrekter Quellenangabe versehen und ergänzen den Text in angemessener Weise.

5. Quellen und Zitierweise: Problemadäquate, wissenschaftliche Quellen (Monographien, wissenschaftliche Zeitschriften, Working Paper etc.) werden in angemessenem Umfang berücksichtigt; die Verwendung empirischer Studien ist vorhanden; die Quellenauswahl entspricht dem aktuellen Forschungsstand; alle Quellen sind zitierwürdig (Primärquellen, Aktualität, Vertrauenswürdigkeit etc.); die Berücksichtigung praxisnaher Informationen (z. B. Firmen- und Branchenspezifika) ist gegeben, falls zusätzlich erforderlich; eine kritische Distanz bei der Auswertung der Quellen ist erkennbar; die exakte Kenntlichmachung aller fremden Quellen durch korrekte, konsistente Zitiertechnik ist gegeben; die Zitierformen (z. B.

APA-Style, Chicago Style, Harvard Style etc.) werden bei der Zitierweise beachtet und konsequent / fehlerfrei umgesetzt; wörtliche Zitate sind kurz und selten (keine Aneinanderreihung wörtlicher Zitate); sinngemäße Zitate sind neu formuliert (keine Abwandlung von lediglich ein oder zwei Worten); zu jeder Referenzierung in den Kurzbelegen – als Fußnote oder In-Text – ist eine Quellenangabe im Quellenverzeichnis vorhanden. Umgekehrt sind keine Verzeichniseinträge vorhanden, zu denen die Referenzierung im Text fehlt.

6. Form und Stil: Die Ausdrücke sind eindeutig und präzise, es werden keine umgangssprachlichen Formulierungen verwendet; die Spracheffizienz ist gegeben (keine Wiederholungen); eine klare Gedankenführung (1 Gedanke = 1 Absatz) ist erkennbar; eine angemessene Nutzung von Fremdwörtern und einschlägigen Fachausdrücken ist vorhanden; eine korrekte Anwendung der Regeln der Rechtschreibung, Grammatik und Interpunktion ist gegeben; eine korrekte äußere Form (Deckblatt, Selbstständigkeitserklärung, Lebenslauf) ist vorhanden; die Tabellen und Abbildungen sind gut lesbar; die erforderlichen Verzeichnisse (Inhaltsverzeichnis, Quellenverzeichnis, ggf. Abbildungsverzeichnis, Tabellenver-zeichnis, Abkürzungsverzeichnis, Symbolverzeichnis und Anhang) sind formal korrekt erstellt; die Regeln zum Umfang werden eingehalten.

Es ist wichtig, von vornherein sich auf solche Kriterien und ihre Merkmale einzustimmen. Bei der Hauptuntersuchung eines motorisierten Fahrzeugs wird ebenfalls eine Checkliste von Merkmalen abgearbeitet – zugegeben, solche Messdaten unterliegen weniger der persönlichen Einschätzung wie die Kriterien und Merkmale für die Beurteilung von wissenschaftlichen Arbeiten. Aber es ist hilfreich, sich beim Vorbereiten und Schreiben der Arbeit vor Augen zu halten: Die eigene Begeisterung – die unweigerlich aufkommt, wenn da erst einmal zehn, zwanzig Seiten gefüllt sind – reicht nicht als Beurteilungsmaßstab, sondern es gibt halt jene anderen Maßstäbe.

Am besten fragt man seine Prüfer vorab und frühzeitig genug, welche Maßstäbe sie anlegen werden – es ist gutes Recht, zu erfahren, woran man gemessen werden wird!

Man orientiere sich an den Maßstäben zur Beurteilung einer Abschlussarbeit des Studiengangs wirklich von Anfang an, gleich ab der ersten einzureichenden Hausarbeit. Es ist wichtig, die Hinweise und Anforderungen der Betreuer sehr ernst zu nehmen, damit man seinem Ziel schnellstmöglich näher kommt.

7.14   Nachbemerkung

Es ist hier etwa so wie mit dem Schwimmenlernen: Nur ein wenig durch das seichte Wasser am Strand zu waten trägt noch nicht dazu bei, seine Schwimm- fähigkeiten zu entdecken und zu entfalten. Wer die Hinweise des Schwimm- lehrers nicht ernst nimmt, wird entweder die Faszination des Schwimmens nie erleben oder aber läuft sogar Gefahr, unterzugehen, wenn er plötzlich und unerwartet auf seine Schwimmfähigkeiten angewiesen ist.

Mit dem Studium ist das nicht anders: Ohne Training des wissenschaftlichen Arbeitens entdeckt man es nicht und strandet am Ende, erreicht sein Ziel nicht, nämlich den Abschluss eines hochschulischen Studiums.

Wenn die Hürde, sich auf sauberes wissenschaftliches Arbeiten einzulassen, für jemanden zu hoch ist, weil er es nicht mag oder nicht schafft (beides hängt in der Regel zusammen: was man nicht mag, gelingt einem auch nicht): dann sollte man es lieber frühzeitig abbrechen und sich andere Herausforderungen suchen, die zum eigenen Lebensentwurf passen.

Um herauszubekommen, ob es einem wirklich nicht liegt, sollte man es aber mindestens einmal mit Sorgfalt und in großer Ernsthaftigkeit versucht haben!

7.15   Aufgabenblatt zu diesem Kapitel

Unterstützen Sie durch diese Aufgaben gezielt Ihr Selbststudium!

---

1. Probieren Sie aus, ob Sie valide und vollständig nach dem Karteikasten-Prinzip in MS Word die Metadaten Ihrer Quellen sammeln können – und ob stattdessen die Nutzung eines Referenzmanagers (Literaturverwaltungsprogramms) sinnvoller wäre.

2. Checken Sie die vorgestellten Provider von Metadaten: BibSonomy, die Angebote Ihrer Uni-Bibliothek und WorldCat.org.

3. Probieren Sie die vorgestellten Literaturverwaltungsprogramme aus – möglicherweise gibt es an Ihrer Hochschule oder seitens Ihres Verlags dazu konkrete Vorgaben. Wenn nicht: Zotero dürfte die erste Wahl sein, da für alle führenden Betriebssysteme vorhanden und da nichtkommerziell.

4. Spielen Sie alle notwendigen Schritte durch: händische Eingabe von Metadaten; Übernahme von Metadaten aus Online-Angeboten; Aufbereitung und Korrektur der Metadaten; Wahl und Änderung des Ausgabestils.

112

Abbildungsverzeichnis

Quellenverzeichnis

Balzert, Helmut; Schröder, Marion; Schäfer, Christian (2011): *Wissenschaftliches Arbeiten – Ethik, Inhalt & Form wiss. Arbeiten, Handwerkszeug, Quellen, Projektmanagement, Präsentation*. 2. Aufl. Herdecke; Witten: W3L-Verlag.

BibSonomy (2014a): „Bibsonomy: Ausgabeformate". Abgerufen am 30.12.2014 von http://www.bibsonomy.org/export/author/Martin%20Gertler/vegan?lang=de.

BibSonomy (2014b): „Bibsonomy: Ausgabe in HTML". Abgerufen am 30.12.2014 von http://www.bibsonomy.org/publ/author/Martin%20Gertler/vegan?lang=de&items=100.

BibSonomy (2014c): „Bibsonomy: Browser-Addons". Abgerufen am 30.12.2014 von http://www.bibsonomy.org/help_de/Google%20Chrome-%20oder%20Mozilla%20Firefox-Addon%20installieren.

BibSonomy (2014d): „Bibsonomy: Suchergebnis". Abgerufen am 30.12.2014 von http://www.bibsonomy.org/author/Martin%20Gertler/vegan?lang=de.

Bortz, Jürgen; Döring, Nicola (2009): *Forschungsmethoden und Evaluation für Human- und Sozialwissenschaftler; mit 87 Tabellen*. Heidelberg: Springer-Medizin-Verlag

Brink, Alfred (2005): *Anfertigung wissenschaftlicher Arbeiten: ein prozessorientierter Leitfaden zur Erstellung von Bachelor-, Master- und Diplomarbeiten in acht Lerneinheiten*. München, Wien: Oldenbourg.

Bünting, Karl-Dieter; Bitterlich, Axel; Pospiech, Ulrike (2008): *Schreiben im Studium: mit Erfolg*. Berlin: Cornelsen Scriptor.

Deutsche Forschungsgemeinschaft (Hrsg.) (1998): *Sicherung guter wissenschaftlicher Praxis. Denkschrift*. Weinheim: WILEY-VCH.

Duden (2013a): „Kriterium". Abgerufen am 28.12.2014 von http://www.duden.de/rechtschreibung/Kriterium.

Duden (2013b): „Merkmal". Abgerufen am 28.12.2014 von http://www.duden.de/rechtschreibung/Merkmal.

Duden (2013c): „Schreibung von Fremdwörtern aus dem Englischen". Abgerufen am 11.01.2015 von http://www.duden.de/sprachwissen/sprachratgeber/schreibung-von-fremdwoertern-aus-dem-englischen.

Duden (2013d): „Zusammengesetzte Substantive". Abgerufen am 11.01.2015 von http://www.duden.de/sprachwissen/sprachratgeber/zusammengesetzte-substantive.

Dürr, Hans-Peter. (2011): *Warum es ums Ganze geht – Neues Denken für eine Welt im Umbruch*. Frankfurt/Main: Fischer-Taschenbuch-Verlag.

Von Foerster, Heinz (1997): *Einführung in den Konstruktivismus: Beiträge von Heinz von Foerster, Ernst von Glasersfeld, Peter M. Hejl, Siegfried J. Schmidt, Paul Watzlawick*. München: Piper.

Franck, Norbert (2009): *Die Technik wissenschaftlichen Arbeitens – Eine praktische Anleitung*. Paderborn; München; Wien; Zürich: Schöningh.

Frank, Andrea.; Haacke, Stefanie.; Lahm, Swantje. (2007): *Schlüsselkompetenzen: Schreiben in Studium und Beruf*. Stuttgart; Weimar: Metzler.

Gast, Titus (2004): „Deppenleerzeichen | Alleinstellungsmerkmal". Abgerufen am 11.01.2015 von http://deppenleerzeichen.de.

Gertler, Martin (1997a): „Aus Sternenstaub - Der Mensch im Kosmos". *Director's Cut*. Abgerufen am 25.12.2014 von http://vimeo.com/15086035.

Gertler, Martin (1997b): „Hans-Peter Dürr: Das Geistige ist die treibende Kraft". Abgerufen am 25.12.2014 von http://youtu.be/lrgQakHPRP8.

Gertler, Martin (2013): „Online-Lehre? Am besten asynchron". Abgerufen am 03.04.2015 von http://gertler.net/archives/2433.

Gertler, Martin (1999): *Unterwegs zu einer Fernsehgemeinde: Erfahrung von Kirche durch Gottesdienstübertragungen*. 2. Aufl. Köln: KIM.

Gertler, Martin (1997c): „Wirklichkeit und Wahrheit - Paul Watzlawick". Abgerufen am 24.12.2014 von http://youtu.be/LEmZ2GOxzo8?t=1m39s.

Hagen, Tobias (2014): „Evidenzbasierte Wirtschaftspolitik: CO2-Bilanz von

Lebensmitteln". Abgerufen am 19.01.2015 von http://evidenzbasierte-wirtschaftspolitik.blogspot.de/2014/12/co2-bilanz-von-lebensmitteln.html.

Hennecke, Marcus; Moore, Ross; Swan, Herb (2001): „Variable (Merkmal)". Abgerufen am von http://eswf.uni-koeln.de/glossar/node10.html.

Jungert, Michael (Hrsg.) (2010): *Interdisziplinarität: Theorie, Praxis, Probleme*. Darmstadt: Wissenschaftliche Buchgesellschaft.

Jung, Matthias (2012): *Hermeneutik zur Einführung*. Hamburg: Junius.

Karmasin, Matthias.; Ribing, Rainer. (2006): *Die Gestaltung wissenschaftlicher Arbeiten: ein Leitfaden für Haus- und Seminararbeiten, Magisterarbeiten, Diplomarbeiten und Dissertationen*. Wien: WUV.

KoraChany (2015): „Wann wird wissenschaftliches Arbeiten eingesetzt? (Wissenschaft)". *gutefrage.net*. Abgerufen am 03.04.2015 von http://www.gutefrage.net/frage/wann-wird-wissenschaftliches-arbeiten-eingesetzt.

OCLC WorldCat (2014a): „Ergebnis für „artgerecht ist nur die freiheit"". Abgerufen am 30.12.2014 von http://www.worldcat.org/search?q=artgerecht+ist+nur+die+freiheit&qt=results_page.

OCLC WorldCat (2014b): „Ergebnis für „Artgerecht ist nur die Freiheit – Eine Ethik für Tiere oder Warum wir umdenken müssen"". Abgerufen am 30.12.2014 von http://www.worldcat.org/title/artgerecht-ist-nur-die-freiheit-eine-ethik-fur-tiere-oder-warum-wir-umdenken-mussen/oclc/869854207&referer=brief_results.

OCLC WorldCat (2014c): „Ergebnis für „martin gertler vegan"". Abgerufen am 30.12.2014 von http://www.worldcat.org/search?qt=worldcat_org_all&q=martin+gertler+vegan.

Popper, Karl R. (1966): *Logik der Forschung*. Tübingen: Mohr (Siebeck).

Pörksen, Bernhard. (2002): *Die Gewissheit der Ungewissheit: Gespräche zum Konstruktivismus*. Heidelberg: Carl-Auer-Systeme.

Riesenhuber, Felix (2009): „Großzahlige empirische Forschung". In: Albers, Sönke (Hrsg.) *Methodik der empirischen Forschung*. Wiesbaden: Deutscher Universitäts-Verlag S. 1–16.

Rossig, Wolfram E; Prätsch, Joachim (2008): *Wissenschaftliche Arbeiten: Leitfaden für Haus- und Seminararbeiten, Bachelor- und Masterthesis, Diplom- und Magisterarbeiten, Dissertationen.* Achim: BerlinDruck.

Roy Rosenzweig Center for History and New Media (2014): „Documentation". Abgerufen am 14.02.2015 von http://zotero.org/support/quick_start_guide.

Sezgin, Hilal (2014): *Artgerecht ist nur die Freiheit. Eine Ethik für Tiere oder Warum wir umdenken müssen.* München: Verlag C.H. Beck.

Statista (2013): „Hilfe & FAQ". *Statista.* Abgerufen am 11.01.2015 von http://de.statista.com/statistik/tipps/.

Uni Köln (2014a): „USB :: Merkliste". Abgerufen am 30.12.2014 von http://goo.gl/P3RZJn.

Uni Köln (2014b): „USB :: Suchen & Bestellen". Abgerufen am 30.12.2014 von http://goo.gl/CAxST6.

Uni Köln (2014c): „USB :: Suchen & Bestellen". Abgerufen am 30.12.2014 von http://goo.gl/nb5lR8.

veganomics.de (2014): „Studie: Bereits 1,5 Prozent Veganer". *veganomics.de.* Abgerufen am 06.09.2014 von http://veganomics.de/aktuelles/meldungen/20140312.php.

Weischenberg, Siegfried (1998): *Journalistik 1: Mediensysteme, Medienethik, Medieninstitutionen.* Opladen: Westdeutscher Verlag.

Wikipedia (2014): „CD- und DVD-Verpackungen". *Wikipedia.* Abgerufen am 11.01.2015 von http://de.wikipedia.org/w/index.php?title=CD-_und_DVD-Verpackungen&oldid=136812768.

Wissenschaftsrat (Hrsg.) (2011): „Empfehlungen zur Bewertung und Steuerung von Forschungsleistung". Drs. 1656-11.

ZEIT ONLINE (2014): „Multiresistente Keime: Diese Keime töten". *Die Zeit.* 20.11.2014.

Stichwortverzeichnis

Über das Veganomics Institute

Die Forschung des Instituts ist grundsätzlich praxisgerichtet. Sie dient sowohl zur Prüfung von bestehenden Theorien und Modellen sowie von praktischen Umsetzungen als auch zur Entwicklung neuer Modelle und Konzepte.

Das **Veganomics Institute** nutzt die wissenschaftlichen Methoden und Quellen der jeweiligen Fachgebiete für sein Forschen und geht multi- und interdisziplinär vor.

Raum ist dabei für alle Themen- und Forschungsfelder, die der Veganismus berührt: Ernährung, Ethik, Ökologie, Ökonomie und Kommunikation. Die zentrale Perspektive des Instituts ist das Forschen nach gesellschaftlichen, politischen und somit gesamtwirtschaftlichen Auswirkungen, die durch veganes Leben und Handeln möglich bzw. erwartbar sind.

Das Institut besteht und lebt aus der Zusammenarbeit der beteiligten Wissenschaftlerinnen und Wissenschaftler, die an Forschung zu Fragen des Veganismus interessiert sind. Es ist selbst keine Rechtsperson, sondern besteht lediglich virtuell; es verfolgt keine kommerziellen Interessen.

Durch Onlinekurse (MOOC – Massive Open Online Course) trägt es zudem zu einer explizit wissenschaftlich getragenen veganistischen Bildung bei. In Ermangelung speziell ausgerichteter Studiengänge leisten die Beteiligten dies in ihrer Freizeit, in der Form einer multidisziplinären, nur online erreichbaren **School of Veganomics**.

Das Institut beteiligt zudem interessierte Studierende an seiner Forschung durch Vergabe und Betreuung von Untersuchungsthemen für Abschluss- und Doktorarbeiten und durch die Publikationsmöglichkeit in seiner Schriftenreihe.

veganomics.de

VEGANOMICS Institute